ZHONGXUE SHENGWUXUE
JIAOXUE SHEJI YU SHUOKE

中学生物学
教学设计与说课

李文送 ◎ 编著

安徽师范大学出版社
ANHUI NORMAL UNIVERSITY PRESS
·芜湖·

图书在版编目(CIP)数据

中学生物学教学设计与说课 / 李文送编著. — 芜湖:安徽师范大学出版社, 2022.11
ISBN 978-7-5676-5014-5

Ⅰ.①中… Ⅱ.①李… Ⅲ.①生物课—教学设计—中学 Ⅳ.①G633.912

中国版本图书馆CIP数据核字(2022)第193435号

中学生物学教学设计与说课 李文送◎编著

责任编辑:童 睿
责任校对:胡志立
装帧设计:张 玲
责任印制:桑国磊
出版发行:安徽师范大学出版社
安徽省芜湖市北京东路1号安徽师范大学赭山校区
网 址:http://www.ahnupress.com/
发 行 部:0553-3883578 5910327 5910310(传真)
印 刷:安徽芜湖新华印务有限责任公司
版 次:2022年11月第1版
印 次:2022年11月第1次印刷
规 格:787 mm×1092 mm 1/16
印 张:14
字 数:256千字
书 号:ISBN 978-7-5676-5014-5
定 价:63.00元

序一

李文送老师个人著作即将付梓，邀约导师为其写几句话。学生有此成就，作为老师甚感欣慰。我刚刚回归较为单纯的教师岗位，自然有了些精力，理应多做些“人梯”之事。

真正认识文送老师，还是因为2021年广东省中小学“百千万人才培养工程”名师培养项目。来自全省的35名初中理科教师的培养工作由我校承担，我有幸作为该项目的首席专家，同时还担任其中3位生物学科名师培养对象的理论导师。我第一次翻阅学员的个人材料时，就被这位青年才俊所吸引——不仅文笔不错，而且教研成果甚多。后来通过进一步的接触，发现文送身上有很多优点，比如做事认真、为人直率，再比如乐于助人，乐意为名师班同学提供力所能及的帮助。

文送的这本《中学生物学教学设计与说课》，内容实际上不只限于教学设计和说课。该书的实用性远大于创新性或者学术性，无论是教学设计还是说课，都是教师必备的专业能力和专业素养。

教学设计虽然不算新的话题，但教学设计能力对教师而言实在太重要，而且随着教育思想和教学理念的发展，特别是教育信息技术的应用和课程核心素养的凝练，教学设计有诸多可探讨之处。该书从生物学课程理解、系统思想和学习理论等入手，对生物学教学设计的程序与方法进行了较为系统的论述，并提供了许多有价值的示例。教学设计涉及诸多理论问题，所以教学设计本身就是一本“小型教学论”。

除了教学设计，说课也是非常值得书写的话题。关于说课，我也有些心得。早在1998年我就开始尝试在师范生中组织说课活动，并在2002年发表过一篇题为《说课：值得倡导的教研活动形式》的论文。当时我提出说课活动有几大优点：一是组织工作简便易行，受时间、空间和人数的限制较少，不需学生参加，不影响学校正常的教学秩序；二是效率高，在比较短的时间内能够就某一课题教学的方方面面充分地展开讨论，教师的参与性强，信息容量大且反馈及时；三是能展示和提高说课者的教学水平和理论修养，要想说课简明易懂、有理有据，教师必须认真备课和提高理论水平，有利于培养既能教又能说还能写的学者型教师；四是切合学校教育工作的特殊性，教学的任务是培养人，教学中应尽量避免把学生当“试验品”，而说课正好能够把教学中的不足解决在正式上课之前；五是说课具有教学科研的性质，能够倡导一种教学研究和教育创新的风气；六是引入说课以后，说课与备课、上课、评课结合起来就形成了系列化的教学活动。近年来，我为一些名师工作室做过几场相关的专题讲座，其中融入了我对说课的一些新的思考，如根据说课的目的不同进行系统分类，提出说课融入学科核心素养的策略，等等。

今天读到文送的新作，发现他对说课有诸多自己的思考，特别是提供了说课的具体案例，相信对读者大有助益。

有教无研难发展，有研无教是空谈，研教结合天地宽！这是我一直信奉的座右铭。文送老师的成长为此座右铭提供了一个很好的示范。愿以此与本书的读者一起分享。

是为序！

教育部“国培计划”专家库首批专家

广东第二师范学院科学教育研究所所长、教授

胡继飞

2021年12月23日于广州

序二

在2021年广东省新一轮“百千万人才培养工程”初中理科教师名单中，生物学科老师共有3位，李文送老师是其中之一，我有幸成为他们的实践导师。

此前，《中学生物教学》多次在卷首语刊登他的文章，还有很多报刊也发表了不少他的作品，有的期刊我都不熟悉。但是，我在《中学生物教学》主持的“互动平台”栏目，他好像没有参加过。他为什么不参加呢？这让我对他一直很好奇。

2019年11月，我们学校青年教师到湛江参观考察，特地到他的学校，并邀请他作了一次讲座。记得他分享的主题是“问路成长，问道教育——青年教师成长个案的路径和突围”。听完他的分享后，我不禁对他刮目相看。来之前，我并没有告诉他我们校长也一起来，但是他在备课时发现了校长也在，不仅做了精心的安排，还整合到讲座内容中。从这个细节可以看出，文送老师做事非常用心，也善于思考、发现和总结，特别是对教育、对教师专业成长有着自己独特的见解。

两年后，也是11月，文送老师和何小霞、王惠老师到我的学校深圳市育才中学开展“百千万人才培养工程”理科名教师跟岗研修一周活动。这让我与他有了更多的交流和互动。我们一起讨论跟岗计划，一起备课，一起听课，一起研讨，一起提炼教学风格。他的机智、幽默，他的谦虚、勤奋，他的激情、乐学，一一得到展现。在课堂上，他始终面带微笑，时刻关注学生，常常情不自禁地与学生一起互动。在提炼他的教学风格时，我自然想到了两个词：“亲切”和“亲近”。

11月4日，在给来育才中学跟岗研修的华南师范大学高中校长班的校长们做分享时，他从三个方面介绍了他的成长之路。校长们对他两年时间发表文章60多篇（其中全国中文核心期刊就有16篇），出版著作2部，获得市教育教学成果奖一等奖、省教育教学成果奖一等奖、《学校品牌管理》年度作者3项荣誉，赞不绝口。比如梅州市兴宁一中副校长范科辉认为他有激情、饱含睿智，对教育真心；茂名高州市长坡中学副校长陈文智认为他有想法、有说法、有做法、有温度、有态度、有高度；韶关市张九龄纪念中学副校长刘玥用诗词对他进行了概括——“未出土时先有节，便凌云去也无心”。

不少一线教师都有过被高校聘请为师范生授课的经历，但像文送老师这样坚持十余年，还把这段教学实践经历撰写成著作出版，实不多见。

就在2022年新年即将来到之际，收到他的《中学生物学教学设计与说课》书稿。当我通读完全书，就找到了我的问题的答案。中学生物学课程、学科核心素养、课堂教学、教学设计和说课等内容是该书的重要组成部分。十余年来，他都在默默做着“植树育林”的工作，既为高等学府不断输送人才，也为基础教育培育生物学教师。

正值新修订的义务教育生物学课程标准即将正式颁布之际，这本书的出版，无论是对作者本人，还是对读者，都是一个很好的起点。期待文送老师的教育教学研究成果更丰满，为我省乃至我国中学生物学科建设做出自己的贡献。

人教版《生物学》教材参编者
广东省特级教师、正高级教师
深圳市育才中学教师发展中心主任

2021年12月29日于深圳南山

序三

自评上特级、正高级教师以来，本人主持过省市（区）各级名教师工作室，担任过不少培养项目的理论或实践导师，所带学员的基础从未让我感到“威胁”，李文送老师除外。

李文送老师是2021年广东省新一轮“百千万人才培养工程”初中理科名教师，受其培养单位（广东第二师范学院）的安排，我有幸成为他的实践导师之一。在见面会之前，通过浏览他的个人资料，第一印象是这小子绝对是个“猛人”，同时让我心里打鼓：这么年轻的老师就取得如此丰硕的教育成果，水平已在我之上，我拿什么去做他的导师呢？

在见面会上和后来课题申报的几次研讨活动中，文送老师为人谦逊、思维严谨、心智灵动，给我留下了深刻的印象，“得天下英才而教之”是做老师的人生大幸。其实，几次活动中哪里是我教他，是我怕在他面前“丢份”，偷偷提前认真准备研讨的相关内容，硬撑导师的样子。好在他和另外两位学员老师非常包容，我似乎没“露出马脚”。

有理论导师胡继飞教授、实践导师夏献平老师的悉心指导，一段时间，本人落得清闲。12月23日收到文送老师的新作《中学生物学教学设计与说课》，他谦虚地让我指导，我回复说“定会认真拜读”，以为只是为他点个赞、竖个大拇指就完成任务了。哪知到了12月29日下班时刻，收到他的信息，希望我写个序，且发了胡教授、夏老师写的序给我，意思就是三位导师已有两位写好了，唯独缺我不太好。想想也是，于是赶紧打开电脑写几个字完成“徒弟”给“师父”布置的“作业”。

其实，收到稿件之后的几天我抽时间一口气读完，边读边有些感想。目前一线老师读纯教育理论的书籍往往读不进去，感觉离课堂教学很遥远，甚至如天上浮云，不知所向；读纯案例性的书籍感觉和自己的日常差不多，往往兴趣也不大。近几年和老师们聊读书的事，他们更喜欢有理论指导的案例方面的书籍，内心渴望了解如何做才能将教育理论落实到教学实践中，更想知道优秀的教学案例背后的教育理论基础和教学设计的指导思想。说课是目前教师专业能力考评的重要手段，在教师招聘、职称晋升、技能比赛等关乎一线教师切身利益活动中均见得到。凭什么短短10~15分钟的说课就能将教师区分出来？说到底，除了生物学学科知识及其传递流程外，更重要的是这些流程安排背后的理论基础和指导思想。《中学生物学教学设计与说课》给我的整体印象是企图努力打通教育理论与教学实践的结节，这或许是这本书对广大一线中学生物学教师的价值所在。

该书第一章“认识课程”从哲学高度精要介绍生物学课程相关概念，有助于一线生物学教师对初、高中课标内容的整体了解；第二章至第四章从理论、操作到案例向读者展现教学设计的整体逻辑；第五章“教师说课”不但让读者对“说课”的基本原则、主要内容和实操案例有整体上的认识，更重要的是有“说课的评价要求”，让读者知道“说课”说得好不好的判断标准何在，不仅对一线老师有用，而且对经常做“说课”评委的专家也有用；第六章“课程教学”介绍了对前面章节相关思想、理论在教学实践中的运用。

广东省特级教师、正高级教师
广州市白云区教育研究院副院长
王建春

2021年12月29日于广州花地湾

前　言

“中学生物学教学设计与说课”这门课程始于2011年。那时，我被破格聘为湛江师范学院（现更名为岭南师范学院）基础教育学院兼职教授，为生物教育师范专业专科生开设该课程。在我看来，无论是课程开设、教学设计，还是课程与教学的实施，甚至教师的专业发展，都应基于生命成长的需要。经过十年的实践探索与思考，我找到了“中学生物学教学设计与说课”这门课程与教学的旨趣：为了生命的成长。诚然，该课程的开设与实施，“为了生命的成长”是不忘的初心，是坚守的定位，是追求的旨归，是贯穿始终的主线、主基调和主旋律。

如果说站稳课堂是合格教师的标志，那么能游刃有余地驾驭课堂就是优秀教师的风采，而卓越的教师则如经营自己的生命成长一样经营自己的课堂教学。课堂教学大厦的建造，始于教师对课程的教学设计，从其教学设计或对自己教学设计的介绍（说课）中就可以看出教师专业成长的水平。可以说，教学设计和说课是教师专业成长的重要路径，是师范生和一线教师都需要熟练掌握的专业技能和艺术修养。

“中学生物学教学设计与说课”这门课程的主要内容包括认识生物学课程、教学设计和说课三个模块。第一模块从课程性质、课程理念、核心素养、课程目标、课程内容和课程评价等方面介绍中学生物学课程。第二模块介绍教学设计的定义、特征、作用、理论、程序和案例。第三模块有说课的含义与特征、基本原则、主要内容、要求与评价，以及案例等内容。

这样设计的意图是帮助学生在全面认识中学生物学课程的基础上，学会教学设计和说课，并通过理论学习和案例分析相结合的方式，提高相应的专业素养，掌握教学设计、说课的基本要求和技巧。希望通过这样的构设，分享这门课程教与学的感悟及生命成长的声音，让更多的教师可以从阅读他人生命成长的样态中，从倾听他人生命成长的声音中，发现教师教育之道、自我教育之义和教学育人之术，找到生命成长的激励因子，进而重新审视过去和当下的自己，并展望和设想未来的自己，从中实现师者的价值和人生的意义。

十年耕耘，十年播种。一届又一届师范生成长和蜕变，他们或升本、考研、读博士，或走上教师等工作岗位，或在国家级、省市级等教学比赛中获奖，既让我感动欣慰，又让我收获了师者的幸福。他们说，“第一次去上课就发现这门课很有意思”“自从见到您的‘庐山真面目’和发现您课堂的与众不同之后，我深深地被您的魅力所征服！换言之，您成为我的偶像，成了我今后努力的榜样！”他们讲，“李老师的力量震撼了我，同时也触动了我那沉睡的心灵。”“看到师姐和您的网络聊天对话，很多人受到您的影响而改变自己，很幸运，我也是其中之一。”“如果说每个人在他的人生道路中都会有很多明灯指引，那么我相信李老师就是我的其中一盏明灯。”这给予了我莫大的信心和力量把这段经历、实践、体悟和积累的案例撰写成书。

全书共6章，包括认识课程、理论依据、教学设计、教学设计案例评析、教师说课和课程教学。内容注重理论与实践相结合，有具体的案例供参考，既可以作为生物学教育或生物科学等专业的专科生、本科生和研究生学习教学设计和说课的教材，又可以为一线教师和教育工作者共同探讨教学设计与说课的理论、方法、技巧、旨趣、智慧和艺术等提供样例。

2021年，我被遴选为广东省新一轮（2021—2023）“百千万人才培养工程”理科名教师培养对象和湛江市新一轮（2021—2023）名教师工作室主持人，并主持广东省中小学“百千万人才培养工程”专项科研项目课题“中学教师专业成长激励机制的校本研究”（BQW2021JCL035），这加快和促进了本书的完成。因此，本书既是广东省中小学“百千万人才培养工程”专项科研项目课题成果，也是湛江市名教师工作室研究成果。

由于笔者水平有限，不足之处敬请广大读者、师生和教育同行雅正，为谢。

2022年1月6日于燕岭

目　录

第一章

认识课程

【导读】课程是教育培养目标的“施工蓝图”，是教师开展教育教学活动的主要依据，是学生成长的重要“食谱”。在新一轮课程改革中，教师如何领会新课程的精神和要求？就中学生物学教师或准教师而言，应重新认识中学生物学课程，特别是中学生物学学科核心素养、课程目标、课程内容和课程评价等。

第一节 中学生物学课程

目前，我国初中和高中都开设有生物学课程，其中初中生物学课程大多是在七年级和八年级开设，而高中生物学课程在高一、高二和高三年级均有开设。中学阶段，课程是有课程标准的，因此下面我将从课程标准的维度，并结合自身的实践体悟，介绍中学生物学课程，以期更好地认识课程。除特别说明外，本书所说的“初中生物学课程标准”是指《义务教育生物学课程标准（2011年版）》，“高中生物学课程标准”是指《普通高中生物学课程标准（2017年版2020年修订）》。

一、厘清三对基本概念

要认识中学生物学课程，无论是生物学教师，还是准生物学教师或者其他相关人员，都应先厘清生命与生物、生物学与生物学科、生物科学与生命科学等概念的内涵，尤其是它们之间的逻辑关系。

（一）生命与生物

生命是什么？这个问题看起来很简单，但回答起来却很复杂，因为这个问题既抽象又具体，既古老又年轻，且生命力顽强。回答“生命是什么”的问题，是生物学的基本问题，是生物学课程的逻辑起点，是理解生命的意义和价值的基础①。从古到今，人们从未放弃过思考和追问，但至今依然没有统一的定义。“生命是什么”不但是一个生物学的问题，而且是一个哲学的问题。“生命是什么”不等于“什么是生命”，如人是生命，但生命不一定是人，还可以是其他动物、植物，以及细菌、真菌等微生物。瑞典化学家诺贝尔说：“生命，那是自然给人类去雕琢的宝石。”美国生物学家温特说：“生命就是一个精巧的‘图灵机’，每个生命体都自带一套完整的，能够用来复制自己的‘图纸’。”科普名著《生命是什么》的作者奥地利物理学家薛定谔提出：“生命是高度有序的系统，以负熵为生，需要能量的摄入来维持稳定而有序的存在。”这些定义在一定程

① 谭永平.生物学课程哲学[M].杭州:浙江教育出版社,2020:28.

度上帮助了人们对生命的理解。在笔者看来，生命就是能且需要和外界不断进行物质和能量转换及信息交流，具有生命活性的有机体。

生物是什么？这个问题似乎比回答“生命是什么”容易点。所谓生物，是指具有呼吸、繁殖、应激性、新陈代谢、生长发育、遗传与变异等基本特征的有机体。根据不同的特征，生物可分为植物、动物和微生物，其中植物包括藻类植物、苔藓植物、蕨类植物、裸子植物和被子植物，动物分为原生动物、腔肠动物、扁形动物、线形动物、环节动物、软体动物、节肢动物、鱼类、两栖类、爬行类、鸟类和哺乳类，微生物有细菌和真菌等。

生物与生命之间能画等号吗？答案显而易见，虽然生物和生命之间有着非常密切的联系，有时候人们甚至难以分清它们之间的区别，但是它们之间不能画等号，因为生物都是有生命的物体，但有生命的物体不一定是生物。例如，多细胞生物（如人）的细胞或组织，都是有生命的物体，但不属于生物，只是生物的组成部分。那么，有生命的物体能否称为生命呢？只能说，有生命的物体不一定是生命，如人类的精子或卵细胞，它们都是有生命的物体，但还不能算是一个生命，精子和卵细胞结合形成受精卵，才是人的生命的开始。可见，生物和生命都是有生命的物体，都具有生命活性，但有生命的物体不一定都是生物或生命。

通常，生命是相对非生命而言的，生物是相对非生物来说的。生物强调的是一个个物种或种类，如植物、动物、微生物等，多数指全体，有时也指群体，很少指个体；而生命侧重的是个体，有时也指群体，很少指全体。

（二）生物学与生物学科

生物学至少有两种含义，一是指生物学课程，二是指生物学科（科学）。生物学课程是依托生物学科（科学）的学科知识、学科技能、学科思想、学科文化等为课程资源，帮助学习者习得其中的“营养”，从而成长为具有一定生物科学素养的人。

根据学习阶段或学习对象的不同，生物学课程可以分为中学生物学课程、大学生物学课程等，其中前者分为初中生物学和高中生物学。随着人们在分子、细胞、个体、群体等水平探索生物的生长发育、遗传变异、生物进化等生命现象和生命活动规律，从而在生物学科上形成不同分支，并以此为基础建立了相应的生物学分支课程，如分子生物学、细胞生物学、发育生物学、神经生物学、遗传学、植物生理学、动物学、人体生理学等。

生物学科是自然科学中的一门基础学科，是研究生命现象和生命活动规律的科学，是农业科学、医药科学、环境科学及其他有关科学和技术的基础。因此，生物学是研究生物的结构、功能、发生和发展的规律，以及生物与周围环境的关系等的科学，大体经历了描述生物学、实验生物学和分子生物学三个不同的发展阶段。

描述生物学阶段（19世纪中叶以前）主要特征为从外部形态观察、描述、记载各类生物，寻找它们之间的异同和进化脉络，代表人物有巨著《物种起源》的作者，即被公认为进化论奠基人的英国博物学家达尔文，创立“双名法”的瑞典生物分类学家林奈等。

实验生物学阶段（19世纪中叶到20世纪中叶）主要特征为利用试验仪器，通过设计试验，探索生物生命活动的内在规律，代表人物有法国微生物学家巴斯德。他用著名的“鹅颈烧瓶试验”，提出了生命起源的“生生论”，批驳了“自然发生论”。

分子生物学阶段（20世纪中叶以后）主要特征是分子生物学和基因工程的快速发展，使得人们可以“创造”新的物种，代表人物有发现DNA双螺旋结构的美国科学家沃森和英国科学家克里克。

（三）生物科学与生命科学

生物科学与生命科学是针对研究对象的不同进行命名的。简单来说，生物科学就是研究生物的科学，而生命科学就是研究生命的科学。研究生物的科学，以实验为基础，主要研究生物的结构、生理行为和生物起源、进化与遗传发育等，即研究生命活动的基本规律，其分支有生物分类学、生理学、动物学、植物学、微生物学、生物化学、遗传学等，经历了实验生物科学、分子生物学和系统生物科学等发展时期。生命科学是研究生命现象，生命活动的本质特征和发生发展规律，以及各种生物之间和生物与环境之间相互关系的科学，包括细胞生物学、分子生物学、生态学和神经生物学等前沿领域，其主要目的是有效地控制生命活动，能动地改造生物，造福人类。生命科学与人类生存、人民健康、经济建设和社会发展有着密切关系，是当今在全球范围内备受关注的基础自然科学。由此可见，在研究对象上，生物科学和生命科学都是以研究生命为基础。但前，学界普遍认为，生命科学大多研究生命的起源，尤其是有关人类的生命现象，而生物科学更注重整个生物圈，这表明生物科学研究的范围更广。

无论哪一门科学，其核心价值都在于研究与发现；无论哪一门课程，其根本使命都是育人。也就是说，作为一门科学定义下的生物学，或生物学科，或生物科学，或生命科学，其宗旨都是研究生命现象及生命活动的规律；而作为课程的（中学）生物学，其宗旨是育人。

总而言之，中学生物学课程就是以生物学，或生物科学，或生命科学的研究过程与结果以及相应的研究人员、研究实验和相关事件等为课程资源来立德树人。当然，在课程教学的过程中，除了重温或重演前人或他人的研究过程与结果，以及分享已有的发现等知识之外，教师还应组织和鼓励学生自己设计和开展新的生物学科探究性学习活动，来认识和发现新的生命现象和生命活动规律。

二、中学生物学课程性质

中学生物学课程是以生物科学为背景，以适应中学生身心发展阶段和社会要求进行选择和排列生物科学内容，使其心理学化，提高中学生的生物科学素养或生物学学科核心素养，促进中学生的学力和品格等的形成，帮助他们身心健康和充分地发展的课程。从课程性质来说，它是一门面向中学生开设的学科课程，属于自然科学课程的范畴。

我国初中阶段的生物学课程是国家统一规定的，以提高学生生物学素养为主要宗旨的必修课程。高中生物学课程是在义务教育基础上，适合高中学生身心发展和规划人生、终身发展的需要，以进一步提高学生生物科学素养为主要目的的科学课程，包括必修和选修两部分内容[①]。根据现行的课程标准，中学生物学课程是科学领域的重要学科课程之一，其精要是展示生物学的基本内容，反映自然科学的本质。它既要让学生获得基础的生物学知识，又要让学生领悟生物学家在研究过程中所持有的观点，以及解决问题的思路和方法。

中学生物学课程要求学生主动地参与学习，在亲历提出问题、获取信息、寻找证据、检验假设、发现规律等过程中习得生物学知识，养成科学思维的习惯，形成积极的科学态度，发展终身学习及创新实践能力。中学生物学课程是以提高学生生物学学科核

① 刘恩山.中学生物学教学论[M].北京:高等教育出版社,2009:6.

心素养为宗旨的学科课程，是树立社会主义核心价值观、落实立德树人根本任务的重要载体①。

三、中学生物学课程理念

课程理念是课程的灵魂，是开展课程教学的指引。中学生物学课程理念通常是由课程标准修订小组的专家、学者凝练，经多番论证形成并提出的。所以，教师应理解悟透课程理念，并在课程实施中遵照和落实。

（一）初中生物学课程理念

根据初中生物学课程标准，初中生物学课程的基本理念包括面向全体学生、提高生物科学素养和倡导探究性学习。

1. 面向全体学生

面向全体学生意味着初中生物学课程的设计是面向全体学生、着眼学生全面发展和终身发展的需要。这体现了初中生物学课程的“义务性”和“普及性”。一方面，所有初中学生都要学习生物学课程的内容；另一方面，所有初中学生都能学好生物学课程的内容。

要落实这样的课程理念，教师应充分研究所任教的学生，既要做到有教无类，又要灵活地做到因材施教、因地制宜，促进学生的充分发展。学生有了充分发展，其真正的个性或特长才容易显露出来。让每一个人都出彩是好的学科教育最美丽的风景。

2. 提高生物科学素养

提高生物科学素养是生物学课程基于课程范畴和育人价值取向的必然要求。所谓“生物科学素养”，是指一个人参加社会生活、经济活动、生产实践和个人决策所需的生物科学概念和科学探究能力，包括理解科学、技术与社会的相互关系，理解科学的本质以及形成科学的态度和价值观②。

① 中华人民共和国教育部. 普通高中生物学课程标准（2017年版2020年修订）[M]. 北京：人民教育出版社，2020：2.

② 中华人民共和国教育部. 义务教育生物学课程标准（2011年版）[M]. 北京：北京师范大学出版社，2012：2.

要想真正提高初中生的生物科学素养，必须先养成科学素养。科学素养的养成，除了掌握科学概念和科学探究能力外，还应掌握一般科学研究方法和科学规范，形成基本的科学思维和科学伦理，生成科学精神和感悟科学文化。可在科学探究性学习过程中习得和提高科学素养。

3. 倡导探究性学习

探究性学习是习得和提高科学素养的有效途径。所谓“探究性学习”，是指学生通过科学探究活动获得科学知识，并在探究过程中学会科学的方法和技能、科学的思维方式，形成科学的观点。

初中生物学课程倡导探究性学习，帮助学生领悟科学的本质，引导学生主动参与、勤于动手、积极思考，逐步培养学生收集和处理科学信息的能力、获取新知识的能力、分析和解决问题的能力，以及交流与合作的能力等，突出创新精神和实践能力的培养[①]。当然，探究性学习也离不开学生个体的自主学习和小组的合作学习。

（二）高中生物学课程理念

根据高中生物学课程标准，高中生物学课程的基本理念包括：核心素养为宗旨、内容聚焦大概念、教学过程重实践和学业评价促发展。

1. 核心素养为宗旨

高中生物学课程以生物学学科核心素养为宗旨，充分体现高中生物学课程的学科特点和育人价值。高中生物学课程设置的根本目的在于课程育人，核心目标在于培育学生的生物学学科核心素养。因此，在实施课程时，高中生物学教师要着眼于学生适应未来社会发展和个人生活的需要，从生命观念、科学思维、科学探究和社会责任等方面培养和提高学生的学科核心素养。

2. 内容聚焦大概念

内容聚焦大概念体现了高中生物学课程的设计和实施追求“少而精”的原则。高中生物学课程标准将高中生物学课程内容聚焦10个生物学大概念，同时在大概念下有31

① 中华人民共和国教育部. 义务教育生物学课程标准(2011年版)[M]. 北京：北京师范大学出版社，2012:4.

个重要概念进行细化和支撑，其中必修课程的生物学大概念和重要概念分别有4个（占40.0%）和11个（占36.7%），而选择性必修课程的生物学大概念和重要概念分别有6个（占60.0%）和20个（占63.3%）。

大概念能够帮助学生构建连贯的科学世界体系，建立认识科学世界的框架，而不是零散的理论片段。大概念提供了学生探究的内容和课堂活动的基础，任何一个大概念都为学生提供了充足的探究内容，为教师提供了组织科学课堂的脉络[①]。国家教育咨询委员会委员韦钰院士说，科学教育"不是给学生讲授一些零碎的、不连贯的知识片段和堆积在一起的科学定律，而是需要围绕涉及重要科学领域的有结构、有联系的科学核心概念和模型——大概念来进行学习"[②]。高中生物学课程通过聚焦生物学大概念，精选课程内容，确保学生有相对充裕的时间进行学习，从而有利于学生更深刻地理解与应用重要的生物学概念和发展生物学学科核心素养。

3. 教学过程重实践

高中生物学课程高度关注学生学习过程中的实践经历，强调学生学习的过程是主动参与的过程，让学生积极参与活动，通过探究性学习活动或完成工程学任务，加深对生物学概念的理解，提升应用知识的能力，培养创新精神，能用科学的观点、知识、思路和方法，探讨或解决现实生活中的某些问题[③]。因此，教师应在教学过程中秉行实践哲学的方法论，引导学生在实践中学习、体验和成长，领悟"实践是检验真理的唯一标准"的道理。

4. 学业评价促发展

学业评价具有测评、诊断、激励和促进等多种功能。在课程实施的过程中，教师应致力于创建一个主体多元、方法多样，既关注学业成就又重视个体进步和多方面培养的生物学课程评价体系，促进学生的自主发展、全面发展、个性发展和终身发展。

学业评价只是教学手段不是教学目的，教师不能为了教学评价而评价教与学。学业评价不能事无巨细，面面俱到，否则过犹不及。教学的根本价值是育人，所以学业评价

① 郎骁谋．大概念理念下基于项目的科学教学设计与实践[D].桂林：广西师范大学，2017：3-9.

② 韦钰．以大概念的理念进行科学教育[J].人民教育，2016(1)：41-45.

③ 中华人民共和国教育部．普通高中生物学课程标准(2017年版2020年修订)[M].北京：人民教育出版社，2020：2.

不能用线性思维去审视和评判，不能毫无节制、毫无智慧地囿于评价，而要以人的发展为本，讲究科学和艺术的结合，不断强化学生的学科核心素养，帮助学生构建正确的学习观、学业观和发展观。

中学生物学课程理念的真正落地，需要教师深刻领会课程理念的内涵、精神和价值取向，并在课程目标、课程内容、课程教学、课程活动和课程评价等方面体现课程理念。

第二节　生物学学科核心素养

生物学学科核心素养是生物学课程育人价值的集中体现，是学生在生物学课程学习过程中逐渐发展起来的，是学生解决真实情境中的实际问题时所表现出来的价值观、必备品格与关键能力，是学生知识、能力、情感态度与价值观的综合体现。高中生物学课程标准提出，生物学学科核心素养包括生命观念、科学思维、科学探究和社会责任①。北京师范大学刘恩山教授在介绍高中生物学课程标准修订思路与特色时强调："生物学核心素养的提出，将本学科的教学内容和立德树人的宏观要求有机结合，具体描述了高中生物学课程的育人价值，是高中生物学课程设计的准绳，也是教师教学实践的方向和总体要求。"②因此，教师要深刻领会生物学学科核心素养的内涵和意义，并把核心素养的培养贯穿课堂教学和学业评价等全过程。

一、生命观念

"生命观念"是指对观察到的生命现象及其相互关系或特性进行解释后的抽象，是人们经过实证后的观点，是能够理解或解释生物学相关事件和现象的意识、观念和思想方法。生命观念不仅是形成生命观的核心基础，也是形成人生观、世界观和价值观的重要因素。课程标准指出，学生应该在较好地理解生物学概念的基础上形成生命观念，如

① 中华人民共和国教育部.普通高中生物学课程标准(2017年版2020年修订)[M].北京：人民教育出版社，2020：4-5.

② 刘恩山，刘晟.核心素养作引领 注重实践少而精——《普通高中生物学课程标准》修订思路与特色[J].生物学通报，2017，52(8)：8-11.

结构与功能观、进化与适应观、稳态与平衡观、物质与能量观等；能够用生命观念认识生物的多样性、统一性、独特性和复杂性，形成科学的自然观和世界观，并以此指导探究生命活动规律，解决实际问题。这就表明，在高中生物学课程教学中，教师应以生物学概念为基础，结合生物学事实和生命规律，帮助学生构建正确的生命观念，使学生能更好地认识生命和探知世界。

那么，高中生物学课程学习需要形成哪些生命观念呢？只是“结构与功能观、进化与适应观、稳态与平衡观、物质与能量观”吗？这显然是不够的。为此，谭永平结合生物学哲学研究和生物学课程的主要概念体系，从生命观念的充分性、必要性，以及生物学特征等角度思考后，把生命观念分为系统观、进化观、生态观三大观念群，并概括了高中生物学课程需要落实的生命观念要点，如表1–1所示。

表1–1　生命观念要点

观念群	生命观念	观念要点
系统观	结构与功能	生命系统存在从细胞到生态系统的多个层次，都是结构有序的系统；结构与功能相适应
	物质与能量	生命系统是物质的，生命活动依赖于物质的运输和变化；物质的运输和变化往往与能量供应、流转相伴随
	稳态与变化	生命系统是开放的，内部也时刻在发生物质变化和能量转换，但多数时候又维持相对的稳定状态
	信息与调控	生命系统的正常运转离不开信息的传递，基因是最根本的生命信息；维持稳态离不开调控，调控依赖于信息传递
	生殖与发育	细胞能分裂，个体能繁殖，群体能繁衍，细胞、个体能生长发育
进化观	统一性与多样性	生命存在着丰富的多样性，多样性中又蕴含着深刻的统一性
	遗传与变异	生命因遗传而延续，因变异而多样
	进化与适应	生命存在着精巧的适应性，适应性是进化的结果
生态观	群体与共存	生命无法孤立存在与延续，而是依赖于群体共存
	生物与环境	生物与环境构成统一的整体

基于系统观的生命观念，是从本质上看生命，主要讲述生命是什么、由什么组成和有什么功能。生命是“活”的、开放的、有序的系统。这意味着，生命必须和外界不断地进行物质与能量的交换及信息交流。因此，在系统观维度学习生物学课程应形成结构与功能、物质与能量、稳态与变化、信息与调控、生殖与发育等生命观念。

基于进化观的生命观念，是从时间上看生命，主要描述的是生命从哪里来、到哪里去和为什么是这样子。根据达尔文进化论观点，地球上的生命是由非生命物质进化而来，而高等生物是由低等生物进化而来。所有的生命现象，其最终的原因其实都要到进化中去寻找，即进化观是最具有生物学属性的观念群①。生命今天的样子是经过长期的生物进化和自然选择的结果。因此，在进化观维度学习生物学课程应形成统一性与多样性、遗传与变异、进化与适应等生命观念。

基于生态观的生命观念，是从空间上看生命，陈述的是生命在哪儿、生物之间和生物与环境之间有什么关系。生物圈是地球生命的共同家园，而生命之间存在个体与个体、个体与群体、群体与群体、生物与环境等千丝万缕的关系。因此，在生态观维度学习生物学课程应形成群体与共存、生物与环境等生命观念。

二、科学思维

“科学思维”是指尊重事实和证据，崇尚严谨和务实的求知态度，运用科学的方法认识事物，解决实际问题的思维习惯和能力。赵占良指出：“科学思维作为一种思维习惯，对科学专业工作者来说，主要是指在面对科学问题时，首先运用已有的知识和经验，通过创造性思维提出猜想或假说，再寻找证据检验猜想或假说是否成立，而设计寻找证据的方案、对证据的分析和解释都要靠逻辑思维；还包括在面对一种科学的观点或结论时，运用批判性思维进行思考和追问：这种观点或结论是否有证据的支持？证据是否可靠和充分？从给出的证据到得出的结论之间逻辑是否严谨？对证据是否可能有其他解释？而对公众包括绝大多数高中学生来说，他们的目标‘不是要成为科学家，而是去了解科学研究的基础，从而成为科学信息的明智消费者’。而要成为科学信息的明智消费者，就需要培养批判质疑、重视实证和逻辑的科学思维习惯。”②因此，学生应该在学习过程中逐步发展科学思维，如能够基于生物学事实和证据运用归纳与概括、演绎与推理、模型与建模、批判性思维、创造性思维等方法，探讨与阐释生命现象及规律，审视或论证生物学社会议题。

---

① 谭永平. 发展学科核心素养——为何及如何建立生命观念[J]. 生物学教学，2017（10）：7-10.

② 赵占良. 对生物学学科核心素养的理解（二）——科学思维及其教学[J]. 中学生物教学，2019（10）：4-7.

教师要创造适宜的环境，允许学生质疑，鼓励他们敢于批判，教导他们求真务实地做“真”的发现者、传递者、弘扬者和捍卫者。例如，学习唐代诗人李商隐的诗句“春蚕到死丝方尽，蜡炬成灰泪始干”时，教师就可以引导学生质疑和追问：春蚕真的是到死丝方尽吗？让学生去思考与辨析，寻找真相。他们弄清“蚕的丝是化蛹时就尽，而不是到死才尽”的事实之后，就可能会建立新的认知。科学在本质上就是修正甚至颠覆之前的旧知。

科学思维就是运用科学的方法认识生命和科学地解决相关问题的能力。这种能力于生物学课程学习场域而言，就是基于生物学事实和生物学证据，运用生物学概念，通过观察与比较、演绎与推理、实验与验证、分析与综合、归纳与概括等科学的方法来认识客观事物的本质、规律和原理。这种能力不仅是成长为科学家或科学工作者的核心素养，而且是成为“科学信息明智的消费者”的重要素养。因此，科学思维是人人都需要发展的核心素养。

三、科学探究

“科学探究”是指能够发现现实世界中的生物学问题，针对特定的生物学现象，进行观察、提问、实验设计、方案实施，以及对结果进行交流与讨论的能力。生物学课程标准把“科学探究”界定为一种“能力”，与“科学探究的本质就是提出问题并解决问题”的论断是一致的。学生在探究过程中，要善于团队合作和勇于创新，逐步增强对自然现象的好奇心和求知欲，掌握科学探究的基本思路和方法，提高实践能力。

好奇心、求知欲等属于情意品质，也是科学探究不可或缺的因素。从能力维度来看，科学探究的基本思路或流程是发现和提出问题、形成猜想和假设、设计实验探究方案、实施方案获取结果和证据、作出解释和得出结论、进行表达交流。要完成科学探究的整个过程，学生没有好奇心和求知欲是难以做到的。“尽管科学在本质上是理性的，但是应当承认，科学并不只是包含客观性和逻辑性两种因素，除了理性因素之外，还有大量的非理性因素存在着……它同艺术等创造性活动一样，同样需要有激情、意志、直觉和灵感，没有这些非逻辑、非理性因素作为理性的必要的补充，科学的创造与发展几乎是不可能的。”[①]无论是日常生物学课程学习还是从事科学探究，单靠个人的力量都

① 刘大椿.科学哲学通论[M].北京：中国人民大学出版社，1998：319-333.

是很难完成甚至无法完成的。因此，在进行科学探究的过程中，教师要引导学生学会组建团队，并通过团队合作来解决问题。

在开展科学探究的过程中，要遵循相应科学方法和科学规范，以锤炼学生的科学思维和科学精神，促进他们形成应有的科学伦理。在提高学生科学探究素养方面，赵占良提出了两条建议①：一是从认知、能力和情意三个方面提高学生的科学探究素养。在认知上，通过科学史特别是经典的科学研究案例引导学生理解科学探究的本质和特点；在能力上，以科学思维能力的培养为核心，将活跃学生的思维作为关键点，通过观察、实验、调查、制作、讨论等各种活动培养学生的科学探究能力；在情意上，既要让学生从科学家的研究案例中受到启迪，也要让学生在亲身参与的探究活动中不断提升。二是重视对科学问题的探究和完成工程学任务的实践。在引导学生完成这两方面任务的过程中，教师都应尽可能地联系现实生活，创设真实的情境，激发学生的探究欲望，鼓励学生动脑、动眼、动手、动口，让学生获得第一手的实践经验，培养学生的创新精神和实践能力。

四、社会责任

“社会责任”是指学生基于生物学的认识，参与个人与社会事务的讨论，作出理性解释和判断，解决生产生活问题的担当和能力。如结合本地资源开展科学实践，尝试解决现实生活问题；树立和践行“绿水青山就是金山银山”的理念，形成生态意识，参与环境保护实践；主动向他人宣传关爱生命的观念和知识，崇尚健康文明的生活方式，成为健康中国的促进者和实践者。

“生物学科有着与自己的科学知识和科学思维相结合的独特的社会责任体系，帮助学生建立责任意识，不能泛泛而谈，应根据科学知识和科学思维而形成深刻的认知，这样的社会责任才会内化于心、外化于行、行胜于言，成为学科价值的重要体现。教师要结合所学内容让学生讨论与人体健康有关的问题，认识到健康生活的重要性，养成健康的生活方式，并主动向他人宣传关爱生命的理念；鼓励学生运用所学知识和科学思维讨论社会事务，引导学生作出理性解释和判断；结合本地资源开展科学实践，鼓励学生解

① 赵占良. 对生物学学科核心素养的理解（三）——科学探究与实践[J]. 中学生物教学，2020（3）：4-7.

决现实生活问题和生产实践问题；结合生态学的知识和原理，认识到环境保护的重要性，参与环境保护实践。”[①]通过生物学课程的学习，教师要帮助学生形成应有的社会责任与使命担当，教会他们读懂和践行“敬畏自然、敬畏生命、敬畏规则”的生存哲学，因此在生物学课程教学中，教师应将社会主义核心价值观和生物学科中的社会责任联系起来，提高学生的社会责任素养。

就生物学学科核心素养而言，生命观念、科学思维、科学探究和社会责任彼此之间不是割裂的，而是相互关联的。这四种生物学核心素养“不是一个平面上的四块拼盘，更不是一条线串起四点”，而是“立体关联的整体，它们指向的人的发展，是立体的、融通的，它们构成一个整体，共同体现生物学主要的育人价值”[②]，其内在联系如图1-1所示。

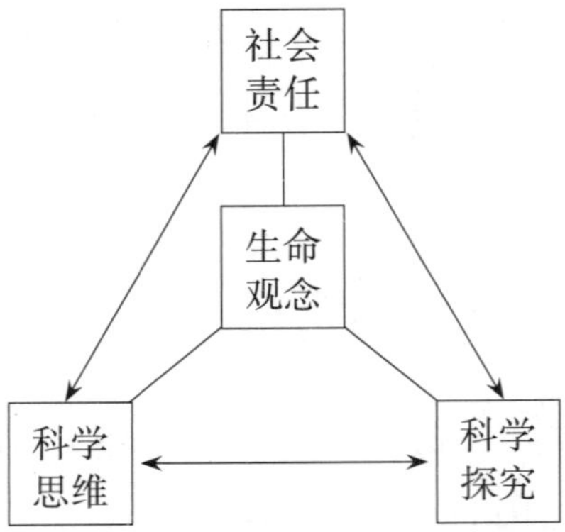

图1-1　生物学学科核心素养的内在联系

由图1-1可知，在生物学学科核心素养体系中，生命观念处于核心位置，是基础和支柱。科学思维是科学探究的内在本质，而科学探究是科学思维的实证过程，两者互相倚重，共同促进生命观念的形成。社会责任的形成主要依托于生命观念，同时在进行科学思维和科学探究的过程中，也会相应地形成一定的社会责任。因此，我们要从整体性、关联性、综合性等维度去解读生物学学科核心素养，并在课程教学中帮助学生习得这样的素养，从而成为具备更高素养的人。

学科是不存在素养的，课程也是没有素养的，素养是指向人，归属生命的。从某种角度说，生物学学科核心素养既不是生物学学科的核心素养，也不是生物学课程的核心

① 吴成军.生物学学科核心素养的教学与评价[M].上海：华东师范大学出版社，2020：62-64.

② 谭永平.生物学学科核心素养：内涵、外延与整体性[J].课程·教材·教法，2018，38(8)：86-91.

素养，而是学生通过生物学课程的学习或学习生物学学科知识、技能、思想、文化等养成的主要或重要的素养。

第三节　初中生物学课程目标及课程内容

生物学课程的主要宗旨和根本目标在于育人。学习生物学课程最重要的目标是认识生命，特别是认识人类自身，包括生命体的结构与功能、生命与生命之间的关系，以及生命和环境之间的关系，从而养成热爱生命、保护生命和敬畏生命的思维，主动参与人与自然环境和谐共处的建设。也就是说，生物学课程要根据新时代发展的需要，把学生培育成为“有理想、有本领、有担当”的人。

一、初中生物学课程目标

初中生物学课程目标设置的三维目标，即知识目标、能力目标、情感态度与价值观目标①。具体来说，就是通过义务教育阶段生物学课程的学习，学生将在以下几方面得到发展：获得生物学基本事实、概念、原理和规律等方面的基础知识，了解并关注这些知识在生活、生产和社会发展中的应用；初步具有生物学实验操作的基本技能、一定的科学探究和实践能力，养成科学思维的习惯；理解人与自然和谐发展的意义，提高环境保护意识；初步形成生物学基本观点、创新意识和科学态度，并为确立辩证唯物主义世界观奠定必要的基础。

（一）知识目标

初中生物学课程的知识目标主要是使学生获得有关生物体的结构层次、生命活动、生物与环境、生物多样性、生物进化以及生物技术等生物学基本事实、概念、原理和规律的基础知识；获得有关人体结构、功能以及卫生保健的知识，促进生理和心理的健康发展；知道生物科学和技术在生活、生产和社会发展中的应用及其可能产生

① 中华人民共和国教育部. 义务教育生物学课程标准（2011年版）[M]. 北京：北京师范大学出版社，2012：6.

的影响。

（二）能力目标

初中生物学课程的能力目标主要是使学生正确使用显微镜等生物学实验中常用的仪器和用具，具备一定的实验操作能力；初步具有收集、鉴别和利用课内外的图文资料及其他信息的能力；初步学会生物科学探究的一般方法，发展学生提出问题、作出假设、制订计划、实施计划、得出结论、表达和交流的科学探究能力；在科学探究中发展合作能力、实践能力和创新能力；初步学会运用所学的生物学知识分析和解决某些生活、生产或社会实际问题。

（三）情感态度与价值观目标

初中生物学课程的情感态度与价值观目标主要是使学生了解我国的生物资源状况和生物科学技术发展状况，形成爱祖国、爱家乡的情感，增强振兴祖国和改变祖国面貌的使命感与责任感；热爱自然，珍爱生命，理解人与自然和谐发展的意义，提高环境保护意识；乐于探索生命的奥秘，具有实事求是的科学态度、探索精神和创新意识；关注与生物学相关的社会问题，初步形成主动参与社会决策的意识；逐步养成良好的生活与卫生习惯，确立积极、健康的生活态度。

二、初中生物学课程内容

课程内容是发展学生生物学学科核心素养的重要载体，是生物学课程落实立德树人根本任务的抓手。义务教育阶段生物课程的内容包括科学探究，生物体的结构层次，生物与环境，生物圈中的绿色植物，生物圈中的人，动物的运动和行为，生物的生殖发育与遗传，生物的多样性，生物技术，健康地生活十个一级主题，每个一级主题一般由若干二级主题及具体内容标准和活动建议组成[①]。

---

① 中华人民共和国教育部．义务教育生物学课程标准（2011年版）[M]．北京：北京师范大学出版社，2012：8.

（一）科学探究

科学探究是学生积极主动地获取生物科学知识、领悟科学研究方法而进行的各种活动。科学探究通常包括：提出问题、作出假设、制订计划、实施计划、得出结论、表达和交流。将科学探究引入义务教育阶段生物学课程内容，是为了促进学生学习方式的改变，使学生能主动地获取生物科学知识，体验科学过程，形成一定的科学探究能力和科学态度与价值观，培养创新精神。科学探究能力和对科学探究的理解是在学生探究性学习过程中形成的，因此教师应积极提供机会让学生亲自尝试和实践，引导学生参与科学探究活动，并将科学探究的内容尽可能渗透到各主题内容的教学活动中，培养学生的科学探究能力。

（二）生物体的结构层次

生物体有一定的结构层次。细胞是生物体结构和功能的基本单位。细胞的分裂、分化和生长是细胞重要的生命活动。细胞经过分裂和分化形成生物体的各种组织，由功能不同的组织形成器官，完成特定的生理功能。多细胞生物体依靠细胞、组织、器官之间的协调活动，表现生物体的生命现象。理解有关细胞的知识是学习生物学知识的基础，教师应引导学生探究动植物细胞的结构和功能，初步学会显微观察的方法和技能，激发探究的兴趣。

（三）生物与环境

任何生境中都有多种多样的生物。每种生物都离不开它们的生活环境，同时又能适应、影响和改变环境。生物与环境保持着十分密切的关系，并形成多种多样的生态系统。生物圈是最大的生态系统。教师应指导学生通过对一片草地、一个池塘、一块农田等生境的研究，学习调查和观察的方法，加深对生物与环境关系的认识。生物与环境关系的知识对学生形成热爱大自然、爱护生物的情感，理解人与自然和谐发展的意义，以及提高环境保护意识十分重要。

（四）生物圈中的绿色植物

绿色植物是生物圈中作用最大的一类生物，对生物圈的存在和发展起着决定性作用。绿色植物通过它的生命活动直接或间接地为其他生物提供食物和能量，并对维持生物圈中的碳氧平衡和水循环发挥着重要作用。绿色植物分布广泛，与人类生活的关系十分密切。高等绿色植物中的粮食作物、蔬菜、瓜果、花卉等都是人类种植栽培的主要对象，在它们的生活中有许多适合学生观察、探究的内容，教师应积极组织学生开展各种探究活动，加深学生对相关知识的理解，提高学生运用知识解决实际问题的能力。

（五）生物圈中的人

人类的活动对生物圈有重要影响。人从生物圈中摄取各种各样的营养物质，以满足自身对物质和能量的需求。人吸收的营养物质需要经循环系统运送到身体的各个组织和器官，同时人体产生的废物也需通过循环系统、呼吸系统和泌尿系统等的协调活动排出体外。人的各种活动受神经系统和内分泌系统的调节。人体结构和生理的知识对学生理解人的各种生命活动，以及人体结构和功能相互适应的关系，自觉养成卫生习惯具有重要作用。教师应从人与生物圈关系的高度，引导学生开展多种探究活动，使学生认识到人类依赖的自然环境和人工环境都是生物圈的组成部分，意识到生物圈中的人对生物圈应尽的责任。

（六）动物的运动和行为

动物的运动和行为知识对学生认识动物的本质特征非常重要。动物的运动依赖一定的结构；动物的行为与人类的生活和生产关系密切。教师应帮助学生在学习过程中理解结构和功能的统一性，并注意引导学生到周围环境中去观察动物的运动和行为，培养学生的观察能力和学习兴趣。

（七）生物的生殖、发育与遗传

生物的生殖、发育和遗传是生命的基本特征。生物通过生殖和遗传维持种族的延续。学习动植物的生殖、发育和遗传的基本知识，以及遗传育种在生产实践中应用的知识，有助于学生认识生物科学技术在生活、生产和社会发展中的作用。特别是人的生殖、发育和遗传的基本知识，对于学生认识自我、健康生活和认同优生优育等具有重要作用。教师要引导学生观察动物的生殖与发育过程，开展植物嫁接和扦插活动，通过对人类基因组计划、禁止近亲结婚等问题的讨论，激发学生的学习兴趣。此外，这些内容中涉及的有关伦理观和价值观问题，教师应给予适当的指导。

（八）生物的多样性

地球上的生物是多种多样的，保护生物多样性对于人类的生存和发展具有重要意义。生物多样性是生物进化的结果，生命的起源和生物的进化是生物科学研究的重要领域。以自然选择学说为核心的生物进化理论，解释了生物进化和发展的原因。这部分知识对学生形成生物进化的观点，树立辩证唯物主义自然观具有重要意义。教师应指导学生通过调查和资料的收集、处理、交流等活动，帮助学生领悟各类生物和人类生活的密切关系，并积极参与保护生物多样性的活动。

（九）生物技术

生物技术的迅猛发展已经显现出巨大的社会效益和经济效益，并越来越多地影响人类的生活和社会发展，认识和理解有关生物技术在现代社会中的作用十分重要。教师应从生活中的生物技术着手，通过各种实验和实践活动，丰富学生对生物技术的感性认识；以多种方式向学生提供丰富的信息，帮助学生理解生物技术的作用；鼓励学生自主收集资料、分析生物技术的正面和负面影响，为学生参与有关的社会活动打下一定的基础。

（十）健康地生活

健康是指一个人有良好的身体、心理以及社会适应状态。学习有关青春期生理和保健、传染病和免疫、医药常识等知识对健康地生活有重要意义。教师可以针对学生的年龄特点创设学习情境，也可以让学生自己提出探究的课题开展学习活动，如通过调查研究或实验，认识吸烟、酗酒等不良生活习惯和行为有损自身或他人的健康，以及吸毒的危害。

第四节 高中生物学课程目标及课程内容

一、高中生物学课程目标

《中国学生发展核心素养》颁布后，高中生物学课程标准从“核心素养”的视角对高中生物学课程进行了阐述和定位。学生通过高中生物学课程的学习，能认识到生物学在坚持人与自然和谐共生、促进科技发展、社会进步和提高人类生活质量等方面的重要贡献；树立生命观念，能够运用这些观念认识生命现象，探索生命规律；形成科学思维的习惯，能够运用已有的生物学知识、证据和逻辑对生物学议题进行思考或展开论证；掌握科学探究的思路和方法，形成合作精神，善于从实践的层面探讨或尝试解决现实生活问题；具有开展生物学实践活动的意愿和社会责任感，在面对现实世界的挑战时，能充分利用生物学知识主动宣传引导，愿意承担抵制毒品和不良生活习惯等社会责任，为继续学习和走向社会打下认识和实践的基础①。

《普通高中课程方案》规定高中生物学课程分为必修、选择性必修和选修课程三个部分。生物学必修课程是全体高中学生必须学习的课程，是高中学生生物学学科核心素养发展的共同基础，包括“分子与细胞”和“遗传与进化”两个模块内容；选择性必修课程是学生根据个人需求与升学考试要求选择学习的课程，包括“稳态与调节”“生物与环境”和“生物技术与工程”三个模块内容；选修课程是学生自主选择学习的课程，涉及现实生活应用、职业规划前瞻及学业发展基础三个方向的多个拓展模块。

二、必修课程的内容

必修课程是生物学的核心内容，对于提高全体学生的生物学学科核心素养具有不可或缺的作用。必修课程面向全体高中学生，是学习选择性必修和选修课程的基础。为了让学生更好地理解与掌握教学内容，教学中要高度重视学生的实践环节，力求为学生提

① 中华人民共和国教育部.普通高中生物学课程标准(2017年版2020年修订)[M].北京:人民教育出版社,2020:6.

供更多的动手实践机会。

（一）分子与细胞

本模块包括细胞的分子组成、结构、代谢、增殖，以及细胞的分化、衰老和死亡等内容。细胞是生物体结构与生命活动的基本单位。细胞生物学是生命科学的重要基础学科，分子生物学的发展促使细胞生物学的研究进入分子水平。本模块选取细胞生物学方面最基本的知识，以及细胞生物学研究的新进展及相关的实际应用，是学习其他模块的基础。通过本模块的学习，学生将在微观层面上，更深入地理解生命的本质，了解生命的物质性和生物界的统一性，细胞生命活动中物质、能量和信息变化的统一，细胞结构与功能的统一，生物体部分和整体的统一等，有助于形成科学的自然观。此外，学习细胞的发现、细胞学说的建立和发展，有助于学生加深对科学研究过程和本质的理解。

（二）遗传与进化

本模块包括遗传的细胞基础、遗传的分子基础、遗传的基本规律、生物的变异和生物的进化等内容。生物通过生殖、发育和遗传实现生命的延续和种族的繁衍，通过进化形成物种多样性和适应性，进化的本质是遗传物质的改变。本模块选取的减数分裂和受精作用、DNA分子的结构和功能、遗传和变异的基本原理及应用等知识，主要是从细胞水平和分子水平阐述生命的延续性；选取的现代生物进化理论和物种形成等知识，主要是为了阐明生物进化的过程和原因。本模块的内容对于学生理解生命的延续和发展，认识生物界及生物多样性，形成生物进化的观点，树立正确的自然观有重要意义，同时也有助于学生理解相关原理在促进经济与社会发展、增进人类健康等方面的价值。

三、选择性必修课程的内容

（一）稳态与调节

所有的生命系统都存在于一定的环境之中，在不断变化的环境条件下，依靠自我调节机制维持其稳态。高等生物体在生长、发育、代谢、遗传和变异等生命活动中，通过一定的调节机制，使机体保持稳态，并作为一个整体完成复杂的生命活动，适应多变的环境。本模块包括人体的内环境与稳态、人和动物生命活动的调节，以及植物的激素调节等内容。本模块选取有关生命活动调节与稳态的知识，有助于学生理解高等生物个体生命活动的规律，从系统分析的角度认识个体生命系统的稳态，同时也有助于学生理解健康生活方式对于维持人体内环境的稳态、疾病预防的意义。

（二）生物与环境

在生态系统中，生物与环境之间相互影响，种群数量不断变化，群落也处在演替过程中。生态系统通过自动调节作用，实现物质循环和能量流动的相对稳定，形成稳态。人类活动对生态环境会产生一定的影响，环境保护已成为全人类共同关心的问题。本模块包括种群和群落、生态系统、环境保护等内容。本模块选取有关生物与环境的知识，有助于学生理解生命活动的本质，了解系统分析的思想和方法，提高对生命系统与环境关系的认识，树立人与自然和谐共处的观念，并为学生形成生态意识、环保意识和践行绿色低碳生活方式奠定基础。

（三）生物技术与工程

本模块的内容包括发酵工程、细胞工程、基因工程和生物技术的安全与伦理等。生物技术知识是生物工程的设计基础，而生物工程则应在法律和伦理的约束下，以人类需求为目标进行产品的开发，进而推动生物学的不断进步，提高人类生活质量。

选择性必修课程包括四个较为具体的概念，既是对必修内容的扩展和应用，又是对生物技术和工程的认识和理解。实践环节是帮助学生达成教学目标的关键，涉及的实验或使学生了解基本原理获得基本知识，或偏重实际应用，教师要充分利用现有条件，为学生提供实践的机会。

四、选修课程的内容

选修课程旨在帮助学生更好地生活、就业，同时满足一部分学生选择从事科学研究的需求。为便于各地区和学校设计有针对性的、适合当地教学条件的选修课程和校本课程，高中生物学课程标准围绕现实生活应用、职业规划前瞻、学业发展基础三大主题，提出22个模块内容的建议，如表1–2所示。

表1–2　高中生物学选修课程主题和模块内容

主题	模块内容
主题1:现实生活应用	模块1:健康生活
	模块2:急救措施
	模块3:传染病与防控
	模块4:社会热点中的生物学问题
	模块5:动物福利
	模块6:外来生物入侵与防控
	模块7:地方特色动植物研究
主题2:职业规划前瞻	模块1:生物制药
	模块2:海洋生物学
	模块3:食品安全与检疫
	模块4:职业疾病与防控
	模块5:园艺与景观生态学
	模块6:环境友好与经济作物
	模块7:生物资源开发与利用
	模块8:本地受胁物种保护
主题3:学业发展基础	模块1:细胞与分子生物学
	模块2:生物信息学与人类基因组
	模块3:神经系统与疾病
	模块4:干细胞与应用
	模块5:植物组织培养
	模块6:生态安全
	模块7:校园动植物分类

学习选修课程的内容可促进学生的全面发展。如学习“健康生活”，有助于学生获得健康生活的知识，形成正确的态度、认识和行为习惯，树立尊重生命、热爱生活的人生观，改善公民个体的健康状况，进而促进整个社会的健康发展；学习“急救措施”，

可以使学生意识到急救措施在日常生活中的重要性，帮助学生初步掌握应对常见的突发伤害事件的急救处理方法；学习“传染病与防控”，可以使学生认识到传染病的预防对人类社会和经济发展的重要性，帮助学生初步掌握传染病防控的基本方法；学习“社会热点中的生物学问题”，有利于学生正确、客观地认识生物技术所取得的成就，提高预防传染病的意识，实现健康生活。

第五节 生物学课程评价

课程评价是实施课程教学过程中不可缺少的环节，是教师了解教学过程、调控教和学的行为、提高教学质量的重要手段。课程评价的目的不仅在于评定学生的学业成绩，更重要的是在于了解学生的学习状况、发现教学中的缺陷，为改进教学提供依据。生物学课程标准建议，评价要以学生发展为本，以生物学课程标准内容、学业质量标准为依据，聚焦学科核心素养，促进教师的教和学生的学。

一、评价原则

在开展课程教学评价时，不仅要遵循立德树人的指导思想，重视学生爱国主义情感和社会责任感的形成，而且要关注学生对生物学大概念的理解和融会贯通，指向学生生物学学科核心素养的养成，同时还应体现导向性、激励性，以及评价方式的多样性。也就是说，评价既要促进学生核心素养水平的提升，又要推动教师教学水平的提高，从而实现评价者和被评价者共同发展的目的。

二、评价内容

评价内容应以课程目标、课程内容和学业质量标准为依据，结合具体的教学内容，以生物学大概念、重要概念等主干知识为依托，检测学生生物学学科核心素养的发展水平。评价内容主要包括：

（一）学生生命观念的形成

学生是否逐步形成了认识生命的基本观念，如生物体的结构与功能相适应、生物始终处于发展变化之中、生物对环境具有适应性等。学生能否运用这些生命观念，探索生命活动规律，解决实际问题。

（二）学生科学思维的发展

学生是否逐步养成科学思维习惯，具有运用归纳与概括、演绎与推理、模型与建模、批判性思维、创造性思维等方法，探讨、阐释生命现象及规律的能力。

（三）学生的科学探究能力

学生是否具备观察能力、发现问题的能力、设计和实施探究方案，以及探究结果的分析、交流等能力。

（四）学生的社会责任意识

学生是否具有关注社会重要议题的意识和社会责任感，以及开展生物学实践活动的意愿和能力等。

三、评价方式

评价应依据评价内容和对象的不同，采用多元评价方式。评价方式的选择，应该考虑评价目标、评价内容、评价对象和评价现场等实际情况，可采用学生自评和互评、小组评和教师评相结合的形式。评价方法应该多种多样，如学生成长记录，记录学生成长过程中的点点滴滴，将实验报告、实验设计、小论文、作业等收入记录袋中，作为衡量学习态度和能力的依据之一；课堂行为观察，关注学生在课堂上师生互动、自主学习、同伴合作中的行为表现、参与热情、情感体验和探究、思考的过程等；作业练习测验；实践与应用检测，根据学生实际情况，利用课余时间，以小组为单位，自拟研究题目，进行实践活动；阶段性笔纸检测，如单元和学期考试等。

四、学分设置

在学分方面，根据高中生物学课程标准，高中生物学课程的必修学分共计4学分。每个必修模块为2学分，每个学分的教学需18学时。每个学生必须完成2个必修模块的学习，共72学时，每周2～4学时。学生在修满必修学分的基础上，可根据兴趣和志向学习选择性必修和选修课程。选择性必修课程每个模块为2学分，选修模块每个模块为1学分，每个学分的教学需18学时。学生在完成了必修课程的学习后，可以直接学习选择性必修或选修课程，也可以不再选修本学科课程。选择生物学纳入高考招生录取总成绩的学生，应完成选择性必修所有模块的学习。选择性必修和选修课程可以同时开设供学生选择，对于选修课程中“学业发展基础”类模块，教师可以提出选课的顺序或条件。学生可以从选修模块中选修不超过4学分的课程。

总的来说，学完义务教育生物学课程，有的地方学生要参加生物学学业水平考试分数纳入中考总分；有的地方只需要参加会考，分数不计算入中考总分。文理分科时高中生物学课程采用学分制，选读文科的学生不需要参加生物学高考，但要在高二时参加高中生物学会考；而选择读理科的学生在高二时不需要参加高中生物学会考，而是参加生物学高考即可。高考时，生物和化学、物理合卷，组成理科综合卷。取消文理分科后，2017年上海和浙江率先试点“6选3”和“7选3”的高考方案；广东从2018年秋季入学的高一学生开始实施新高考方案，2021年高考按照新高考模式进行考试和招生录取，即考试科目按“3+1+2”模式设置，“3”为全国统一高考的语文、数学、外语，“1”由考生在物理、历史2门中选择1门，“2”由考生在思想政治、地理化学、生物学4门中选择2门。高考总成绩750分，其中“3”和“1”直接采用卷面分，共550分；“2”实行等级赋分，各100分，起点赋分30分，划分为A、B、C、D E 5个等级。

第二章

理论依据

【导读】 教师要真正设计好教学，就要学习教学设计有关理论。美国教育心理学家罗伯特·加涅指出，教学是一项以帮助人们的学习为目的，以促进学习的方式影响学习者的一系列事件；教学设计以人类学习的某些原理，尤其是以学习赖以产生的条件为基础。那么，教师对教学进行设计时，要遵循哪些理论依据呢？大体来说，教师必须要遵循系统思想、学习理论、教学理论和传播理论。

第一节 系统思想

从整体上来看，教育教学工作是系统工程，所以教学设计要遵循系统思想，从系统的维度对教学各要素进行合理的安排，使教学全过程得以优化，从而提升教学质量和育人效果。

一、系统

“系统”一词来源于古希腊语，是由部分构成整体的意思。中国著名物理学家钱学森指出：“系统是由相互作用、相互依赖的若干组成部分结合而成的，具有特定功能的有机整体，而且这个有机整体又是它从属的更大系统的组成部分。”生物学家贝塔朗菲强调，任何系统都是一个有机的整体，它不是各个部分的机械组合或简单相加，系统中各要素不是孤立地存在着，每个要素在系统中都处于一定的位置上，有着特定的作用系统的整体功能是各要素在孤立状态下所没有的性质。由此可知，系统是指由一些相互联系、相互作用、相互影响的组成部分以一定形式联结构成的具有某些功能的有机整体。系统之于教学，就是用系统方法看教学和设计教学。

二、教学是系统

从组成和结构上来看，教学是一个由教师、学生、教学目标、教学内容、教学条件、教学方法、教学媒体、教学组织形式、教学活动、学习结果、教学评价等要素有机结合起来的具有育人功能的系统。教学系统中的各要素之间相互联系、相互制约，共同构成教学的过程。教学系统有不同的层次，一个学校的全部课程设置计划、一门具体的课程、一个教学单元等，都可以看成不同层次的教学系统[①]。

置于系统中的“教学”用instruction而非teaching进行描述。罗伯特・加涅认为教学是对人们的学习有直接影响的所有事件，而不是只描述由教师个人发起的那些事件。他还强调，从这种综合的观点考虑，要使教学有效，则它必须有计划。虽然教学过

① 皮连生.教学设计:心理学的理论与技术[M].北京:高等教育出版社,2000:11.

程是教师行为、教学内容与学生行为的相互作用，是一种复杂的知识性、社会性和心理性的交互过程，但是也是可以预设和预测的。经过系统的科学分析，教师可以发现教学的规律并找到适合的教学方法，从而能够有目的、有意识和科学地设计教学。

三、系统思想

系统思想又称系统论，就是用系统方法去认识事物和解决问题的思想，其主要表征是整体性、联系性、等级结构性、时序性和动态平衡性。通常一个系统可分为若干个子系统。就教学系统而言，一个教学系统至少包括“教”和“学”两个子系统。皮连生在《教学设计：心理学的理论与技术》中说：“‘教’这一子系统包括教师、学科内容、媒体、方法等要素；而‘学’这一子系统包括学习者、学习态度、学习行为及认知程度等要素。在‘教’这一子系统中，其构成要素之间不同的联系方式，就形成不同的教学过程结构；不同的教学过程结构将具有不同的教学功能，产生不同的教学效果。教学设计的重要内容之一，就是要根据教学目标的预期效果，设计不同的教学过程结构，即设计教师、内容、媒体、方法等要素之间的不同联系方式，达到最优化的效果。所谓最优化，就是从多种可能的方案中，选择出最好的系统方案，使系统具有最优的整体功能。如果我们把学习者看作是一个系统，学习者的学习过程实际上就是教学环境对这个系统（学习者）进行作用（输入），而系统（学习者）对环境作出反应（输出）的过程。”①

由此可见，无论是“教”的系统，还是“学”的系统，或者是教学系统，都是一个开放的系统、动态的系统。教师要用系统思想和变化思维深耕教学，同时要用精心的设计来为教学赋能，使教学更加有序、高效地进行。

第二节　学习理论

学习理论是阐述人类和动物的学习本质、学习规律、学习过程、学习条件和学习影响等的学说。心理学家从不同的观点，采用不同的方法，根据不同的实验资料，提出了很多学习理论，且形成了不同的流派，可分为行为主义学习理论、认知学习理论、人本

① 皮连生.教学设计：心理学的理论与技术[M].北京：高等教育出版社，2000：14-15.

主义学习理论和构建主义学习理论。教学设计是教师根据课程标准、教学目标、教学内容和学生的成长需要而设计的教学实施方案，所以要设计好教学，教师必须要掌握有关学习理论，并用其指导教学设计和教学实践。

一、行为主义学习理论

行为主义学习理论是运用行为主义的理论和方法研究学习的心理学流派，代表人物主要有美国心理学家桑代克、华生和斯金纳，以及俄罗斯生理学家巴甫洛夫，如表2-1所示。行为主义学习理论的基本观点是：学习过程是有机体在一定条件下形成刺激与反应，从而获得新经验的过程；在强化“刺激—反应”联结中，个体学到的是习惯，而习惯是反复练习与强化的结果，当强化减弱或停止，之前建立的反应或习惯可能会消失。

表2-1 行为主义学习理论代表人物及观点

学习理论	主要代表人物及其学说	研究及结论	备注
行为主义学习理论	桑代克的试误联结学习理论	饿猫开迷箱实验。学习是一种渐进地尝试错误的过程，随着错误反应逐渐减少，正确反应逐渐增加，最终形成稳固的“刺激—反应”联结，遵循准备律、练习律和效果律	动物心理学鼻祖，教育心理学的奠基人
	巴甫洛夫的经典条件作用理论（条件反射）	狗唾液分泌实验。学习是大脑皮层暂时神经联系的形成、巩固与恢复的过程，具有泛化、辨别和消退等规律	高级神经活动生理学的奠基人
	华生的经典条件作用理论（情绪习得的研究）	恐惧行为习得实验。学习是以一种刺激替代另一种刺激建立条件作用的过程	行为主义心理学的创始人
	斯金纳的操作性条件作用理论	斯金纳箱，小白鼠和鸽子操作性条件作用实验。人的学习几乎都是操作学习，如果一个操作发生后，紧接着给予一个强化刺激，那么其强度（出现这种反应的概率）就增加	提出强化、惩罚、程序教学观

行为主义学习理论强调学习是刺激与反应之间的联结。在他们看来，环境是引起行

为发生的刺激，而有机体在刺激作用下发生的行为是反应。人类的思维是与外界环境相互作用的结果，即“刺激—反应”，其之间的联结叫作强化。通过环境的改变和对行为的强化，任何行为都能被创造、设计、塑造和改变。在教学中，要尽量少采取惩罚的消极强化手段，对学生理想的行为要给予表彰和鼓励，只有强化正确的“反应”，消退错误的“反应”，才能取得预期的效果。行为主义学习理论把“强化”看作程序教学的核心，认为只有通过强化，才能形成最佳的学习环境，才能增强学生的学习动力。根据行为主义学习理论的观点，教师在设计教学活动的过程中，可以通过创设适合的教学环境、教学情境和教学过程，甚至巧用教师和学生的言行举止，尽可能在最大程度上强化学生的合适行为，消除不良行为。

（一）巴甫洛夫和华生的经典条件作用理论

巴甫洛夫认为：“所有的学习都是联系（指的是暂时神经联系）的形成，而联系的形成就是思想、思维、知识。”华生强调：“人类的行为都是后天习得的，可以通过学习和训练加以控制，只要确定了刺激和反应之间的关系，就可以通过控制环境任意塑造人的心理和行为。”经典条件作用理论对教学的启示是，个体可以获得对各种情境的情绪和态度，如教师不断给予学生关心和鼓励，学生就将其和学习时间联结起来，从而喜欢学习，热爱学校；同时，学生的情绪和行为也可以由泛化、消退等方式形成，如学生在课堂上有强烈的发言愿望，但是教师总不满足，他们发言的积极性就会被打消[①]。

（二）桑代克的试误联结学习理论

桑代克根据饿猫开迷箱实验得出：学习是一种渐进地尝试错误的过程，随着错误反应逐渐减少，正确反应逐渐增加，最终形成稳固的“刺激—反应”联结。因此，学习要遵循准备律、练习律和效果律3条定律。准备律表明，在进入某种学习活动之前，如果学习者做好了学习活动相关的预备性反应（包括生理和心理的），学习者就能比较自如地掌握学习的内容。这就是在教学设计中安排学生课前预习的意义和理论依据。实际上，教师设计教学的备课行为的意义也在此。练习律指出，对于学习者已形成的某种联结，在实践中正确地重复这种反应会有效地增强联结。因此，在教学过程中，教师可以

① 莫雷.教育心理学[M].北京：教育科学出版社，2007：35-36.

设计课堂巩固练习和课后作业练习等环节和内容，帮助学生强化和牢记相应的学习知识，并在发现错误和纠正错误的过程中成长为更好的自己。效果律强调，学习者在学习过程中所得到的各种正或负的反馈意见会加强或减弱学习者在头脑中已经形成的某种联结。即学习者学习某种知识以后，在一定的结果和反应之间建立了联结，如果学习者遇到一种使他心情愉悦的刺激或事件，那么这种联结会增强，反之会减弱①。所以，教师要学会肯定和表扬学生，多采用发展性评价，使学生在教学中能收获学习的乐趣和成就感。

（三）斯金纳的操作性条件作用理论

操作性条件作用理论创始人斯金纳认为，学习过程就是塑造行为的过程，强化是塑造行为和保持行为强度的关键，行为塑造是把目标行为分解为一个个小步，每完成一个步就给予强化，直到获得最终的目标行为。斯金纳说："惩罚有时在改变行为方面是一种有效的方法，但不是一种理想的方法。虽说惩罚会导致反应的减少，但它只是间接地起作用的，它只是抑制而不是消除这种行为。与此同时，惩罚可能会引起负效应，如攻击性行为。在必须给予惩罚时，一定要注意两点：第一，要注意利用惩罚后的反应抑制期，尽可能强化其他的行为反应。第二，惩罚一定要在不良反应发生后立即给予，延迟的惩罚可能是无效的。"②根据操作性条件作用理论，教师设计教学时，可以遵照循序渐进的教学原则，把教学内容按其中的内在逻辑联系分解为前后衔接、逐渐加深的若干部分，学生完成某一部分内容后，及时给予反馈和强化，使学生掌握全部的教学内容。

二、认知学习理论

认知学习理论是通过研究人的认知过程来探索学习规律的理论。它起源于德国格式塔心理学派的完形理论，主要代表人物有德国心理学家科勒，美国心理学家托尔曼、教育心理学家布鲁纳和奥苏伯尔等，如表2-2所示。认知学习理论的基本观点是：学习不是在外部环境的支配下被动地形成"刺激—反应"联结，而是主动地在头脑内部构造认知结构；学习不是通过练习与强化形成反应习惯，而是通过顿悟与理解获得期待；有机

① 莫雷．教育心理学[M].北京：教育科学出版社，2007：34.

② 施良方．学习论[M].2版．北京：人民教育出版社，2001：125.

体当前的学习依赖于他原有的认知结构和当前的刺激情境，学习受主体的预期所引导，而不受习惯所支配①。

表2-2　认知学习理论代表人物及观点

学习理论	主要代表人物及其学说	研究及结论	备注
认知学习理论	科勒的“完形—顿悟”学习理论	黑猩猩叠箱实验和接竿实验。学习不是“尝试—错误”的渐进过程，而是对整个情景和对象间的整体关系理解的顿悟的结果	提出顿悟学习
	托尔曼的符号学习理论	小白鼠迷宫实验和猴子预期实验。学习是对情境所形成的完整认知地图中符号与符号之间关系的认知过程	提出符号学习
	布鲁纳的认知结构学习理论	学习的实质不是被动地形成“刺激—反应”联结，而是积极主动地形成认知结构的过程	提倡发现学习，提出结构教学观
	奥苏伯尔的认知同化理论	学习是通过接受而发生，而不是通过发现，教师给学生提供的材料应该是经过仔细考虑的、有组织的、有序列的、完整的形式；新知识必须建立在旧知识的基础上，二者必须予以同化，而接受学习是知识同化的主要途径	提出有意义学习和先行者组织，提倡讲授式教学
	班杜拉的社会认知理论	儿童观察学习实验。学习是指个体通过对他人的行为及其强化性结果的观察，从而获得某些新的行为反应，或已有的行为反应得到修正的过程	提出观察学习和示范教学，社会学习理论的创始人

（一）科勒的“完形—顿悟”学习理论

1913—1917年，格式塔学派心理学家科勒为研究黑猩猩的学习行为，进行了黑猩猩叠箱取香蕉、接竿取香蕉等一系列实验。通过观察黑猩猩解决问题（如何将两条竹竿接在一起，取到香蕉）的过程，科勒发现黑猩猩面对问题情境时动作并不紊乱，在几次尝试用单条竹竿取香蕉失败后，突然显露出领悟的样子，于是将两条竹竿接在一起达到了目的。科勒把这种学习现象称为顿悟学习，提出了与桑代克试误联结学习理论相对立

① 莫雷.教育心理学[M].北京：教育科学出版社，2007：44.

的“完形—顿悟”学习理论。他认为，黑猩猩不是通过试错的方法来学会取香蕉，而是突然学会的，只是人和一些高级动物运用他们先天具备的能力，不需要依赖练习或经验就能认识环境中事物间的关系产生顿悟，从而解决问题。因此，“完形—顿悟”学习理论认为，学习不是“尝试—错误”的渐进过程，而是对整个情景和对象的整体关系理解的顿悟的结果。因此，学习不必靠盲目的尝试和重复练习，只要个体理解整个情境中各刺激之间的关系，顿悟就会自然发生，即顿悟是突然察觉到问题的解决方法，是通过学习者重新组织或重新构建有关事物的形式实现的。

在这里，需要说明的是，顿悟不是一种独立的学习过程，也不是一种学习形式，而是学习达到一定程度的表现或结果。一般来讲，人们在面对比较熟悉的问题情境，同时个体精神处于相对比较集中的时候，可能会更快产生顿悟。顿悟的产生，往往离不开一定的经验积累。所以，在设计教学的过程中，教师所创设的问题情境，应尽可能地契合学生的生活情境，最好是以学生所熟悉的生活情境来指导学生体悟和践行“专心致志”和“聚精会神”的意蕴，以帮助他们实现智慧成长。

（二）托尔曼的符号学习理论

美国心理学家托尔曼认为，学习是对情境所形成的完整认知地图中符号与符号之间关系的认知过程，奖励或强化在学习中所起的作用很小，学习实质就是习得达到目的的符号及其所代表的意义，这就是符号学习理论基本观点。

符号学习理论主要依据来自托尔曼开展的小白鼠迷宫实验（包括位置学习实验和潜伏学习实验）和猴子预期实验。通过对猴子进行预期实验的观察，托尔曼认为，动物和人类的行为不受它（他）们行为的直接结果影响，而是受它（他）们行为将会带来什么结果支配，学习是期待的获得，而不是习惯的形成，即个体的行为由对目标的期待来引导[①]。换言之，个体在达成目标之前会对目标有一种预先的期待，就如小白鼠走迷宫时会根据对情景的感知在头脑里有一种预期（或者假设）。所以，用托尔曼的观点来说，就是“动物通过学习可以形成对未来事件的意义认识，表现出对未来事件的预先认知或推测。这种学习可以由三类不同的情境或条件引起，因而也就形成记忆性期待、感知性期待和推理性期待”。当预期得到证实是一种强化，但这是一种内在强化，即学习活动

① 莫雷.教育心理学[M].北京：教育科学出版社，2007：48.

本身所带来的强化；当结果和预期不相符时，个体可能会表现出异常，如实验中的猴子就因取到的是莴苣叶子而不是香蕉时表现出“惊讶”，当四处寻找却没有发现期望中的香蕉时则流露出“失落”，甚至“生气”。

托尔曼强调，在本质上学习是位置学习。所谓位置学习，是指动物在学习过程中不仅习得关于目的物的意义，而且也习得关于刺激情境的意义。根据托尔曼的解释，小白鼠在位置学习实验中之所以能选择最接近于食物的路线，是因为小白鼠学习了达到目的的符号及其所代表的意义，建立了一个完整的认知地图，而不是学会简单的、机械的反应动作。因此，符号学习理论认为，学习者并非通过尝试错误来学习，而是根据认知地图。认知地图是动物在环境中的“符号”和动物的“推理性期待”之间所习得的，是动物对环境有了“顿悟”之后所建立的综合知识在头脑中所形成的类似现场的地图，即“目标—对象—手段”三者联系在一起的认知结构，从而改变行为，以适应环境的要求。

在学习的表现形态上，托尔曼提出“潜伏学习”概念并进行相应实验。在他看来，强化虽然有助于学习，但并非学习的必要条件，学习也可以在没有强化的条件下进行，只不过其结果不甚明显，是“潜伏”着的，这种结果可通过操作明显地表现出来。

符号学习理论对教学的启示有三：一是教学和学习都是有目的的行为，所以每一节、每一单元的课，教师和学生都要明确各自上课的目的，设计出适宜的目标；二是教师要对教学进行“预设”，形成科学合理的教学设计；三是教师要重视目标定位、学习意义和个体行为等人生命成长的内在驱动，帮助学生形成当下甚至未来发展的“认知地图”。

（三）布鲁纳的认知结构学习理论

美国教育心理学家布鲁纳认为，学习的实质不是被动地形成“刺激—反应”的联结，而是积极主动地形成认知结构的过程。学习者不是被动地接受知识，而是主动地获取知识，并通过把新获得的知识和已有的认知结构联系起来，积极地建构知识体系。在布鲁纳看来，学生的心智发展虽然受环境的影响，但主要是独自遵循自己特有的认识程序的。学校教学与实验室研究猫、狗、小白鼠受刺激后作出的行为反应截然不同，学校教学的主要任务是主动地把学习者旧的认知结构置换成新的，促成个体能够用新的认知方式来感知周围世界，即教学要帮助或形成学生智慧或认知的生长[①]。可见，布鲁纳是

① 施良方.学习论[M].2版.北京：人民教育出版社，2001：211.

非常注重学习的主动性和认知结构的重要性的。他认为，教学活动应该最大限度地促进学生主动地形成认知结构，最终目的是促进“对学科结构的一般理解”，不论我们选择教什么学科，务必使学生理解该学科的基本结构。学科的基本结构是指一个学科围绕其基本概念、基本原理、基本态度和基本方法而形成的整体知识框架和思维框架[①]。这些基本内容能够帮助学生形成良好的认知结构，为获得新的知识、解决新问题提供有价值的思维框架。

施良方教授在《学习论》中对发现学习的特征进行了梳理[②]：首先，发现学习重视学习过程。在教学过程中，学生是一个积极的探究者。教师的作用是要形成一种学生能够独立探究的情境，而不是提供现成的知识。认识是一个过程，而不是一种产品。教一门学科，不是要建造一个活着的小型藏书室，而是要让学生自己去思考，参与知识获得的过程。学习的主要目的不是要学生记住教科书上的内容，而是要学生参与建立该学科的知识体系的过程。布鲁纳强调，学生不是被动的、消极的知识的接受者，而是主动的、积极的知识的探究者。其次，发现学习突出直觉思维。在教学中要突出学生直觉思维在学习上的重要性，因为直觉思维与分析思维不同，它不是根据仔细规定好了的步骤，而是采取跃进、越级和走捷径的方式来思维的。大量事实表明，直觉思维对科学发现活动极为重要。直觉思维的形成过程一般不是靠言语信息，尤其不靠教师指示性的语言文字。由于直觉思维的本质是映像或图像性的，所以教师在探究活动中要帮助学生形成丰富的想象，防止过早语言化。再次，发现学习注重内在动机。在布鲁纳看来，学生在一般教学条件下，学习的动机往往是混乱的，如有些学生谋求好成绩，是为了一些外来的动机，或为了得到（或避免）教师和家长的奖励（或惩罚），或为了与同学竞争。布鲁纳更重视的是形成学生的内部动机，或把外部动机转化成内部动机。发现活动有利于激励学生的好奇心，学生容易受好奇心的驱使，对探究未知的结果表现出兴趣，所以布鲁纳把好奇心称为“学生内部动机的原型”，与其让学生把同学之间的竞争作为主要动机，还不如让学生向自己的能力提出挑战，因此他提出要形成学生的能力动机，就是使学生有一种求得才能的驱力，通过激励学生提高自己才能的欲求，从而提高学习的效率。最后，发现学习讲究信息提取。布鲁纳认为，人类记忆的首要问题不是储存，而是提取。尽管这从生物学上来讲未必可能，但现实生活要求学生这样，是因为学生在储存

① 莫雷.教育心理学[M].北京:教育科学出版社,2007:52.

② 施良方.学习论[M].2版.北京:人民教育出版社,2001:214-217.

信息的同时，必须能在没有外来帮助的情况下提取信息。提取信息的关键在于如何组织信息，即知道信息储存在哪里和怎样才能提取信息。在一项实验中，布鲁纳让学生学习30个单词，要求其中一组学生记住单词以后复述，而要求其他学生设法把每个单词造一个句子，结果发现后者能复述其中的95%，而前者学生的回忆量不到50%。学生如何组织信息对提取信息有很大影响，学生亲自参与发现事物的活动，必然会用某种方式对它们加以组织，从而对记忆产生最好的效果。

布鲁纳还认为，学生利用矫正性信息的能力与他们的内部状态有关。如果学生内驱力太强而处于焦虑状态，那么提供矫正性信息不会有多大用处。如果学生有一种妨碍学习的心理定式的话，学习往往会显得异常困难，这时学习的每一步骤都需要及时给予反馈，布鲁纳称这种反馈为"即时反馈"。若要使矫正性信息有效用，必须用一种能帮助学生解决问题的方式来表现。如果仅仅告诉学生"对"，这并没有什么用处；如果仅仅告诉学生"不对"，反而有害而无益，因为这样做除了伤害学生的心情之外，对学生毫无帮助。于是，布鲁纳补充说，提供矫正性反馈也有可能会产生副作用，即会使学生一直依赖于教师的指正。因此，教师必须采取适当措施，使学生最终能自行地把矫正机制引入学习中，毕竟教学的目的在于使学生能独立学习和独立解决问题。

布鲁纳通过比较发现，与接受学习相比，发现学习具有以下优点：一是既重视学生在学习中以有意义的方式组织知识的过程，又注重对学习结果的存储，有利于提高学生知识掌握的牢固度；二是重视学生内部学习动机的激发，要求学生在教师所提供的教学信息面前，自己探索解决问题，有利于发挥学生的智慧潜能；三是重视培养学生的直觉思维能力，注重在学习的过程中让学生运用假设去推测关系，应用自己的能力去解决问题或发现新事物，有利于提升学生发现问题和解决问题的能力；四是师生在发现学习过程中处于合作状态，人人都是参与者，自觉投入教学的互动中，有利于提高学生的学习主动性和积极性。

此外，布鲁纳还提出发现法教学模式，认为使用发现法应遵循六个步骤：提出和明确学生感兴趣的问题；使学生体验到对问题的某种程度的不确定性；提供解决问题的多种可能的假设；协助学生收集可供下断语的资料；组织学生审查有关资料，得出应有的结论；引导学生用分析思维去证实结论。

（四）奥苏伯尔的认知同化理论

美国教育心理学家奥苏伯尔认为，学习是通过接受而发生，而不是通过发现，教师给学生提供的材料应该是经过仔细考虑的、有组织的、有序列的、完整的形式，新知只必须建立在旧知识的基础上，二者必须予以同化，而接受学习是知识同化的主要途径[①]。他认为影响学生学习的最重要因素是已知的内容。因此，他大力提倡讲授式教学，即以一种有组织的、有意义的方式将知识传授给学生[②]。

1.有意义学习是奥苏伯尔理论的核心

奥苏伯尔认为，学习者的学习，如果要有价值的话，应该尽可能地有意义。要理解好有意义学习这个概念，需要先了解什么是认知结构，实质性联系和非人为联系指的是什么。认知结构是指学生现有知识的数量、清晰度和组织方式，它是由学生眼下能回想的事实、概念、命题和理论等构成的[③]。实质性联系，是指新符号或符号所代表的新知识观念能与学生认知结构中已有的表象、有意义的符号、概念或命题建立内在联系，而不仅仅是字面上的联系。非人为联系，是指符合所代表的新知识与认知结构中的有关观念表象建立的符合人们所理解的逻辑关系上的联系，而不是一种任意附加上去的联系。因此，所谓有意义学习，是相对机械学习而言的，是指在学习知识过程中，符号所代表的新知识与学生认知结构中已有的适当观念建立实质性和非人为的联系的过程[④]。例如，学生学习生物的基本特征后，通过对照特征和联系，知道钟乳石、机器狗不是生物，而人、鱼是生物；当学生掌握了两栖动物、爬行动物、鱼类和哺乳动物等的特征后，就能通过彼此之间的联系，辨别出娃娃鱼、鳄鱼和鲸鱼都不是鱼类，而分别是两栖动物、爬行动物和哺乳动物，这显然不能根据人们惯性的“认为”逻辑，即名字带鱼字的动物都叫鱼（类）。

进行有意义学习，需要满足怎样的条件呢？根据奥苏伯尔的观点，首先，在内部条件上，学生必须表现出有意义学习的心向，即学生表现出积极地寻求把新学习的知识与本人认知结构中原有知识联系起来的行为倾向，同时必须具有适当的知识以和新知识进

① 张大均.教育心理学[M].北京：人民教育出版社，2011：83-84.

② 戴尔·H.申克.学习理论：教育的视角 [M].韦小满，译.3版.南京：江苏教育出版社，2003：168.

③ 施良方.学习论[M].2版.北京：人民教育出版社，2001：223.

④ 莫雷.教育心理学[M].北京：教育科学出版社，2007：52-53.

行联系。其次，在外部条件上，所要学习的材料本身要符合逻辑规律，能与学习者本人的认知结构、认知特点相吻合，能与学习者学习能力范围内的有关观念建立实质性和非人为的联系，即学习内容对学生具有潜在意义，能和学生已有的知识结构联系起来。他认为，当学生把教学内容或学习内容与自己认知结构联系起来时，有意义学习就发生了。因此，教师应注重让所学的内容和学生尽可能地发生联系或关系，帮助学生主动构建“与我有关”“我要学”“我想学”等内在心理。

2.同化是奥苏伯尔理论的基础

奥苏伯尔认为，学生学习新知识的过程实际上是新旧知识之间相互作用的过程，学生必须积极寻找存在于原有知识结构中的能够同化新知识的停靠点。这里“同化”主要指的就是学生把新知识纳入已有的图式中去，从而引起图式量的变化活动。奥苏伯尔指出，学生在学习中能否获得新知识，主要取决于学生个体的认知结构中是否已掌握了有关的概念（是否具备同化点）。这就要求教师在教学设计时应进行学情分析和教学内容等分析，也就是说，在讲授有关新知识之前要尽可能了解学生已经知道了什么，并据此开展有针对性的教学活动。那么，有意义的学习材料是怎样被同化到学生的认知结构中去的呢？根据学习材料的复杂程度，奥苏伯尔把有意义学习分为表征学习、概念学习和命题学习3种主要类型。

（1）表征学习。表征学习又称名称学习，即学习单个符号或一组符号的意义，或者说学习它们代表什么，其主要内容是词汇学习，属于一种最低层次的学习类型。表征学习的心理机制是符号和它们所代表的事物或观念在学生认知结构中建立了相应的等值关系。例如，对刚刚接触“线粒体”这个细胞器的学生来说，“线粒体”是没有意义的，但是通过教师讲授或自己阅读教材中图文资料的介绍，学生才构建起“线粒体”这个词或符号与“线粒体”这个细胞器的联系，随着“线粒体是动植物细胞中的一种细胞器”概念的形成，“线粒体”这个词或符号在学生的头脑中获得了意义。

（2）概念学习。概念学习是指学习者掌握同类事物的共同的本质属性和关键特征，即掌握概念的内涵和外延意义。生物学概念由内涵和外延组成，前者是指反映生命现象和生命活动规律的本质特征，后者是指内涵所适用的范围和条件，是生物学概念反映的总和。例如，应激性是初中生物学的一个重要概念，其内涵是“生物体对外界的刺激作出规律性的反应”，而外延则有“应激性是生物的基本特征之一”“向日葵向太阳、含羞草被触碰时收拢叶片等现象都属于应激性”“反射是一种特殊的应激性”等。这表明生物学概念的内涵和外延是从不同的角度反映同一生物学对象的特征或特性。在生物学概念教学过程中，教师既要指导学生理解概念的内涵，也要引导学生掌握概念的外延，学生只有掌握了生物学概念的内涵和外延，才能真正形成或建立这一生物学概念①。

（3）命题学习。命题学习即学习若干概念之间的关系，或者说掌握由几个概念联合所构成的复合意义。命题的表述是以句子的形式，如“线粒体是动植物细胞内的重要的能量转换器”，这个命题至少包含了“线粒体”和“能量转化器”等概念。由此可知，命题学习必须建立在概念学习的基础上，但概念学习离不开表征学习，故命题学习是一种最高层次的学习类型。通过命题学习，学生可以把所学习的句子和自己认知结构中的已有概念建立起联系。

3. 认知同化方式

认知心理学假定，人的认知结构是在观念的抽象、概括和包容程度上按层次组织的。奥苏贝尔认为，新学习的命题和学生已有命题之间的关系有下位学习、上位学习和并列结合学习三种不同的认知同化方式，如表2-3所示。

表2-3 命题学习的类型及其同化原理②

类型		同化原理	图解	案例
下位学习	派生类属学习	在派生类属学习中，新知识a_5是与上位概念A相联系的，a_5是A的另外一个事例，或进一步扩充。A这一概念的关键属性没有改变，但新的例子与它们有关	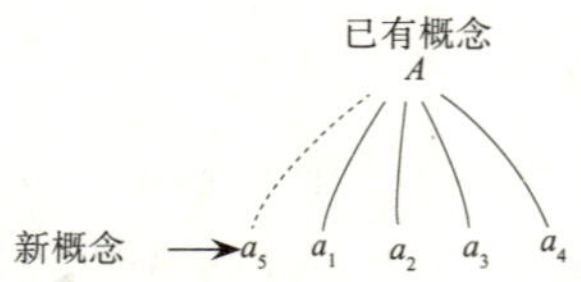	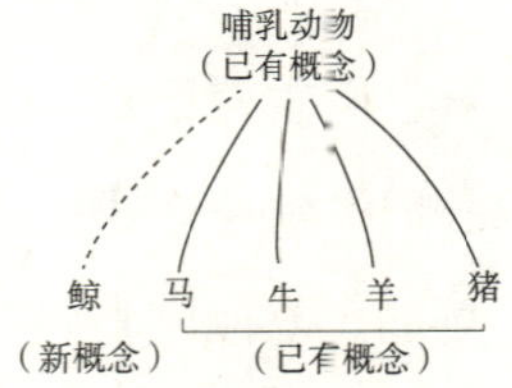
	相关类属学习	在相关类属学习中，新知识y不仅与上位概念x相联系，而且是x的扩充、修饰或限定。下位概念的关键属性可能因新的相关下位而得到扩充或修正	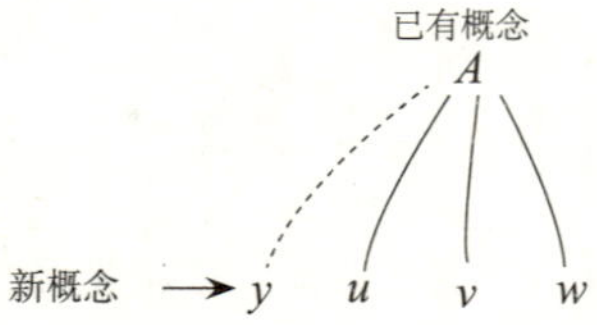	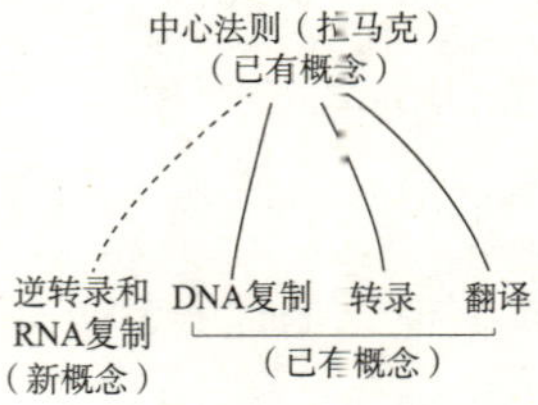

① 李文送．义务教育生物学课程标准的教学取向[J]．中学生物教学，2014(3)：25-27.

② 李文送．有意义学习的内涵、类型及原理[J]．教书育人，2021(1)：10-12.

续　表

类型	同化原理	图解	案例
上位学习	在上位学习中，已有概念 a_1, a_2, a_3 被认为是新概念A的具体事例，因此也是与 A 相联系的。上位概念 A 根据一组新的、能包含这些下位概念的关键属性来定义的	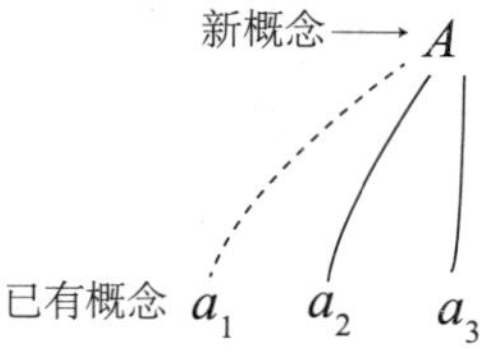	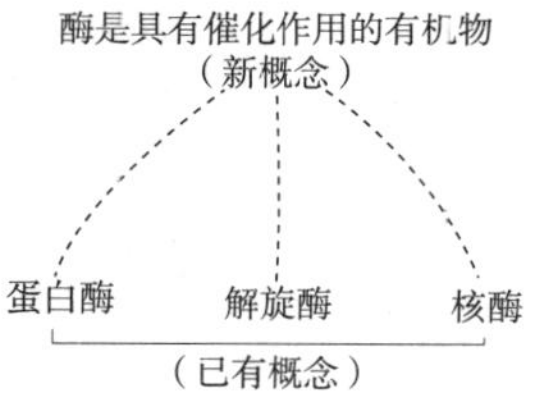
并列结合学习	在并列结合学习中，新概念 A 是与已有概念 B, C, D 相关联的，但 A 并不比 B, C, D 包含性更广或更具体。在这种情况下，新概念具备某些与这些已有概念共同的关键属性	新概念 $A \longrightarrow B—C—D$ 已有概念	遗传与变异（新概念）⟶光合作用与呼吸作用—同化作用和异化作用—胞吞和胞吐（已有概念） 联结点：都是对立与统一的关系

（1）下位学习，又称类属学习，是指学生将概括程度处在较低水平的概念或命题，纳入原有概括程度较高水平的概念或命题之中，从而掌握学习的有关新概念或新命题。按照新知识对原有知识产生影响的大小，下位学习可以分为派生类属学习和相关类属学习。前者是新学习的知识仅仅是学习者已有概念或命题的一个例证或是一种派生物；后者是学习者获得一定的类属原有概念或命题的新知识以后，使自身原有的概念或命题进一步精确化，使其受到扩展、修正或限定。派生类属学习和相关类属学习的主要区别在于学习之后原有观念是否发生本质属性的改变，前者是新的观念纳入原有观念中，原有观念的本质属性不发生改变；而后者是新知识与原有观念有一定的联系，新知识的学习同时也引起原有观念的扩充、修饰、深化或精确化。例如，当学生已有概念“猴子”后学习和纳入新概念“金丝猴”就属于派生类属学习，因为已有概念的“猴子”比新概念“金丝猴”概括的程度高，并且“金丝猴”只是“猴子”的一个例证；当学生已有概念“猴子是哺乳动物”后学习和同化新概念“鲸鱼是哺乳动物”则为相关类属学习，因为后一概念与前一概念之间只是相关关系，后者不是从前者中派生出来的。

（2）上位学习，又称总括学习，是指在学生已经掌握几个概念或命题的基础上，进一步学习一个概括或包容水平更高的概念或命题。这表明上位学习遵循从具体到一般的归纳概括过程，即与学生已有概念或命题相比，新学习的概念或命题更加概括，更加一般，能够促进学生的知识更为系统、完整和概括，从而易于把握事物的本质属性和共同规律。例如，学生在认识了“猴子和鲸鱼都是哺乳动物”的基础上，通过概括它们的共性特征，从而生成新概念“哺乳动物具有胎生、哺乳的特征”，这是上位学习；反之，当学生知道了哺乳动物的一般特征后再学习具体的哺乳动物（如猴子和鲸鱼）的特征时，则为下位学习。

（3）并列结合学习，又称组合学习，是指处于同一个层次的新旧概念或命题之间产生联合意义的学习。换言之，并列结合学习是发生在新概念或新命题与认知结构中已有概念或命题既不是下位关系又不是上位关系而是一种并列的关系时。例如，学习遗传与变异、结构与功能、质量与能量等概念之间的关系就属于并列结合学习。在这种学习中，新概念或新命题与已有概念或命题是相关联的，但新概念或新命题并不比已有概念或命题包含性更广或更具体，彼此之间都具有共同的关键属性。显然，并列结合学习的复杂度和难度都要高于下位学习和上位学习，学生除了具有一定的归纳、概括、推理能力外，还需要一定的迁移能力。当具备了并列结合学习能力，对同一个层次的新概念或新命题的学习就容易多了。例如，学生在学习线粒体、叶绿体的结构和功能之后，再学习内质网、高尔基体等结构与功能就比较容易，因为它们是同样性质的知识，学生可以在已有知识的基础上获得新知识的意义。

为促成学生有意义的学习和认知结构的发展，奥苏伯尔提倡讲授式教学，要求教师要精心设计教学内容的安排，并遵循逐渐分化原则（从一般到个别）和综合贯通原则（对学生认知结构中现有要素的重新加工组合）。例如，学生学习植物时，可以先从认识蔬菜开始，而认识蔬菜又可以先从学习大白菜、萝卜、马铃薯等开始；当然，在学习植物分类内容之前，学生可能已经知道大白菜、萝卜、马铃薯属于蔬菜，但还不知道它们在植物学中属于什么器官。营养学上的蔬菜和植物学上的蔬菜是有区别的，对此学生刚开始可能容易混淆。只有知道了大白菜既是蔬菜又是植物的叶子、萝卜既是蔬菜又是植物的根、马铃薯既是蔬菜又是植物的茎后，学生才能够弄清楚营养学和植物学上的蔬菜的异同。这样，学生概念或命题就得到修正，认知结构被重新组织又加上了新的意义。因此，教师在设计教学或组织教学过程中，要注意学生已有知识和新知识之间可能存在的混淆点，加以针对性引导，促使学生对知识的理解和运用能做到综合贯通。

为了激活新旧知识之间的实质性联系，提高已有知识对新接受知识的有效影响，奥苏伯尔提出了“先行组织者”的教学策略。先行组织者，是指在呈现新的学习任务之前，由教师先告诉学生一些与新知识有一定关系的，概括性和综合性较强、较清晰的引导材料，来帮助学生建立学习新知识的同化点。先行组织者可分为说明性组织者和比较性组织者。奥苏伯尔认为，对于完全陌生的新知识，最好采用说明性组织者，利用更抽象和概括的观念为下一步的学习提供一个可资利用的固定观念，而对于不完全陌生的新知识，最好采用比较性组织者，帮助学生分清新旧知识间的共同点和不同点，为学生获得精确的知识奠定基础。

（五）班杜拉的社会认知理论

社会认知理论创始人班杜拉认为，学习是指个体通过对他人的行为及其强化性结果的观察，从而获得某些新的行为反应，或已有的行为反应得到修正的过程。通过对儿童实验的观察，他认为儿童社会行为的习得主要是通过观察、模仿现实生活中重要人物的行为来完成的，并且任何有机体观察学习的过程都是在个体、环境和行为三者相互作用下发生的，行为和环境是可以通过特定的组织而加以改变的，三者对于儿童行为塑造产生的影响取决于当时的环境和行为的性质。

班杜拉的儿童观察学习实验

实验者让3个（A、B、C）不同班级的学生看3段录像，录像中的一部分内容是相同的，都是一个大孩子在一间屋子里击打一只充气玩具。接着，屋子里出现了一个成人，3个班级的学生随后所看录像的内容不一样：A班学生看到的镜头是成人不满地在孩子的脑袋上拍打了几下，以示对孩子这种行为的惩罚；B班学生则看到进来的成人亲昵地摸了摸孩子的头，似乎是对孩子这种行为的赞许；C班学生看到成人进屋以后，既没有对孩子表示惩戒，也没有对孩子表示赞赏，只是若无其事地招呼孩子离开那间屋子。看完录像以后，实验者让3个班级的学生分别待在不同的教室里，里面都放有一只充气的玩具，观察者则在教室外观察学生的行为反应，结果看到B班学生主动攻击玩具的次数最多，C班次之，A班最少。

根据班杜拉的观点，观察学习是社会学习的一种最重要的形式。所谓观察学习，是指通过观察他人的行为及其后果而发生的替代性学习，可分为注意、保持、复制和动机四个阶段进行。其中，在动机过程，社会学习理论认为，学生是否会表现出已习得的行为，会受强化的影响，而强化分为直接强化、替代强化和自我强化三种方式。直接强化是对学生作出的行为反应当场予以正或负的刺激；替代强化是指学生通过观察其他人实施这种行为后所得到的结果来决定的行为指向；自我强化是指学生根据社会对他所传递的行为判断标准，结合个人的理解对自己的行为表现进行正或负的强化，参照的是自己的期望和目标。班杜拉指出，人是有思想的有机体，具有给自己提供某种自我指导力量的潜能。

根据社会认知学习理论，在学生的生命成长的过程中，教师应重视学生的观察能力和自我效能感培育与运用，通过言传身教，立德树人，做学生锤炼品格、学习知识、创新思维和奉献祖国的引路人。

三、人本主义学习理论

人本主义学习理论是建立在人本主义心理学的基础之上的一种以人性为本的学习理论。人本主义学习理论基本观点是：学习是人固有能量的自我实现过程，强调人的尊严和价值，强调无条件积极关注在个体成长中具有重要作用；学习的目的和结果是使学生成为一个完善的人，一个充分起作用的人，也就是使学生整个人格得到发展；而教育与教学过程就是促进学生个性的发展，发挥学生的潜能，培养学生学习的积极性和主动性。该学习理论主要代表人物是美国心理学家罗杰斯和马斯洛，如表2-4所示。

表2-4 人本主义学习理论代表人物及观点

学习理论	主要代表人物及其学说	研究及结论	备注
人本主义学习理论	罗杰斯的知情合一学习理论	人类具有天生的学习愿望和潜能；认知和情感是人类精神世界中两个不可分割的有机组成部分，彼此是融为一体的，教育的理想就是要培养“躯体、心智、情感、精神、心力融汇一体”的人，即知情合一的人	提出知情合一学习理论

续 表

学习理论	主要代表人物及其学说	研究及结论	备注
人本主义学习理论	马斯洛的需要层次理论	学习的本质是发展人的潜能，尤其是成为一个真正人的潜能；学习要在满足人最基本需要的基础上，强调学习者自我实现需要的发展；人的社会化过程与个性化过程是完全统一的	提出马斯洛需要层次理论

（一）罗杰斯的知情合一学习理论

罗杰斯认为，人类具有天生的学习愿望和潜能，这是一种值得信赖的心理倾向，它们可以在合适的条件下释放出来。当学生了解到学习内容与自身需要相关时，学习的积极性最容易激发，在一种具有心理安全感的环境下可以更好地学习。

根据学习对学生的个人意义，罗杰斯将学习分为无意义学习与有意义学习两大类。无意义学习是指学习没有个人意义的材料，类似心理学上的无意义音节，不涉及感情或个人意义，仅仅涉及经验累积与知识增长，与完整的人（具有情感和理智的人）无关，学得吃力，而且容易遗忘；有意义学习是指一种涉及学习者完整的人，使个体的行为、态度、个性以及在未来选择行动方针时发生重大变化的学习，是一种与学生各种经验融合在一起的、使个体全身心地投入其中的学习[①]。

由此可见，人本主义学派罗杰斯的有意义学习和认知学派奥苏伯尔的有意义学习是有区别的，前者关注的是学习内容与个人之间的关系，后者强调的是新旧知识之间的联系，它只涉及理智，而不涉及个人意义。按照罗杰斯的观点，奥苏伯尔的有意义学习只是一种“在颈部以上发生的学习”，并不是他所指的有意义学习。

罗杰斯的有意义学习具有如下四个特征：一是全神贯注：学习具有个人参与的性质，学生整个人的认知和情感均投入到学习活动之中，即学习者；二是自动自发：学习是自我发起的，学生由于内在的愿望主动去探索、发现和了解事件的意义，即学习；三是全面发展：学习是渗透性的，它使学生的行为、态度，乃至个性都会发生变化，从而

① 莫雷.教育心理学[M].北京：教育科学出版社，2007：66.

促进学生获得全面发展；四是自我评估，学生根据自己的学习需求、学习目标和学习感悟等进行自我评价，从而使学习对学生产生意义，并能纳入学生的经验系统之中。

罗杰斯反对“以教师为中心”的教育，主张教育要“以学生为中心”，学校为学生而设，教师为学生而教，教学的目标是促进学习。学习并非教师以填鸭式严格强迫学生无助地、顺从地学习枯燥乏味、琐碎呆板、现学现忘的教材，而是在好奇心的驱使下去吸收任何学生自觉有趣和需要的知识。在“以学生为中心”的教育思想中，教师最有意义的角色不是权威，而是“助产士”或“催化剂”。罗杰斯还强调，只有全身心投入（情感与理智参与）的学习，才会对学生产生深刻的影响，同时大多数有意义学习是一种“做中学”，即教师设计各种场景或情境，让学生在面对实际问题、社会问题、伦理和哲学问题、个人问题和研究的问题等的过程中，通过各种不同的角色扮演，获得相应的体验、体会和体悟。

根据罗杰斯知情合一学习理论的观点，认知和情感是人类精神世界中两个不可分割的有机组成部分，彼此是融为一体的，教育的理想就是要培养“躯体、心智、情感、精神、心力融汇一体”的人，这样的人是既用认知的方式也用情感的方式行事的知情合一的人，即“完人”“全人”或“功能完善者”，而教学目标是“促进变化和学习，培养能够适应变化和知道如何学习的人[①]”。他说：“只有学会如何学习和学会如何适应变化的人，只有意识到没有任何可靠的知识，只有寻求知识的过程才是可靠的人，才是真正有教养的人。”此外，罗杰斯总结归纳了促进学生学习的方法有：构建真实的问题情境、提供学习的资源、使用合约、利用社区、同伴教学、分组学习、探究训练、程序教学、交朋友小组和自我评价，其中自我评价是使学生自我发起的学习成为一种负责的学习的一个重要手段。这说明人本主义学习理论关注的是教学过程而非教学结果，重视的是教学方法而非教学内容。

在罗杰斯看来，学生总是怀着一种心理矛盾渴望发展和学习，之所以说心理矛盾，是因为任何一种有意义学习都包含某种程度的痛苦，或者学习本身是痛苦的，或者是由于学习时不得不放弃某些已有观念而引起的苦恼[②]。同时，有些教育学者和学校提出并进行“快乐学习”的探索。无论是刻苦学习还是快乐学习，都是学习的真实样态，因为学习本质上是“苦与乐”交互的过程。

① 张大均．教育心理学[M].北京：人民教育出版社，2011：113-114.

② 施良方．学习论[M].2版．北京：人民教育出版社，2001：386.

（二）马斯洛的需要层次理论

人本主义心理学研究表明，人类有一种天生的“自我实现”的动机，即一个人发展、扩充和成熟的趋力，是最大限度地实现自身各种潜能的趋向。人本主义心理学代表人物马斯洛认为，学习的本质是发展人的潜能，学习要在满足人最基本的需要的基础上，强调学习者自我实现需要的发展，人的社会化过程与个性化过程是完全统一的。

马斯洛的需要层次理论既是解释人格的重要理论，又是解释动机的重要理论。他认为，人的动机是由多种不同层次与性质的需要所组成的，而各种需要间有高低层次与顺序之分，每个层次的需要与满足的程度将决定个体的人格发展境界。马斯洛强调，需要的产生由低层向高层是波浪式推进的，在低一层需要没有满足时，高一层需要就产生了，而当低一层需要的高峰过去了但还没有完全消失时，高一层需要就逐步增强，直到占绝对优势，如表2-1所示。

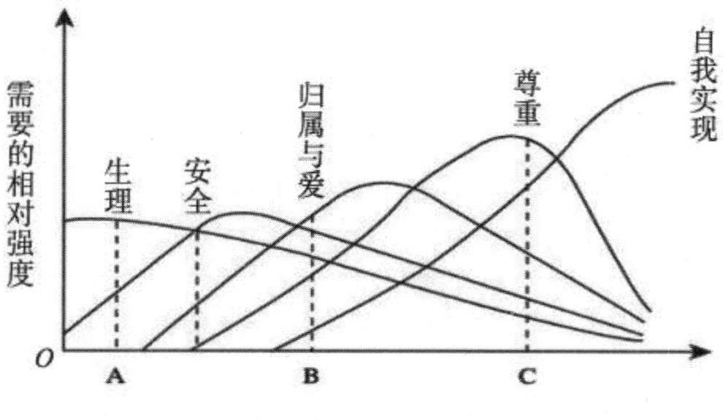

图2-1　马斯洛五种主要需要渐进变化

根据马斯洛需要层次理论的观点，人类的需要可按其性质由低到高分为7个层次，如图2-2所示。第一层：生理需要，是指维持生存及延续种族的需要，是人最原始、最基本的需要，如饮食、呼吸、睡眠、性欲、身体健康等。第二层：安全需要，是指希望受保护与免遭威胁从而获得安全感的需要，如生命安全、财物安全、食品安全、工作保障、生活稳定，表现为有困难时需要人帮助、有危险时需要人保护、有病痛需要得到医治等。第三层：归属与爱的需要，也叫社交的需要，是指渴望得到他人或群体的接纳、关怀、鼓励和支持的需要，即对亲情、友情、爱情及其隶属关系的需求。第四层：自尊需要，是指寻求被人认可、赞许、关心爱护等的需要，包括自我尊重、自我评价以及尊重别人，既包括对成就或自我价值的个人感觉，也包括他人对自己的认可与尊重，如成就、名声、地位、晋升机会和酬劳等。第五层：认知的需要，也称认知的需求，是指个体希望了解自己、他人以及各种事物变化的需要，如探索、试验、阅读、询问等。第六层：审美的需要，是指对美好事物欣赏的需要，如希望事物有秩序、有结构、顺自然、循真理等。第七层：自我实现的需要，也叫自我成就的需要，是指个人渴望自己的所有理想全部实现的需要，是多种需要连续满足后出现的心理需要，是最高层次的需要，也是一种高级的精神需要，如胜任感、成就感、潜能发挥等。

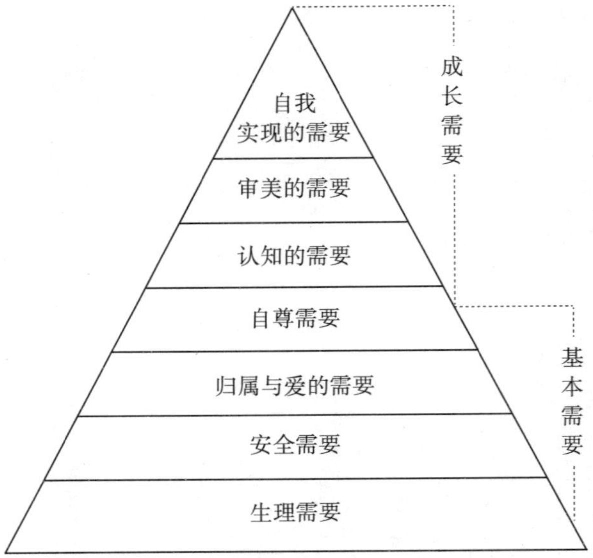

图2-2　马斯洛需要层次理论结构

马斯洛认为，人类价值体系存在两类不同的需要，一类是沿生物谱系上升方向逐渐变弱的本能或冲动，称为低级需要（基本需要）；一类是随生物进化而逐渐显现的潜能或需要，称为高级需要（成长需要）。基本需要是个体在生活中因身体上或心理上有所缺失而产生的，故又可称为缺失需要，是一般人维持生活所必需的、共有的，其特征是可产生匮乏性动机，一旦获得满足，需要强度就会减弱。成长需要是一种超越生存满足之后，发自内心渴求发展和实现自身潜能的需要，其特征是可产生成长性动机，需要的强度不但不随其满足而减弱，而且反将因获得满足而增强，故在成长需求的支配下，个体所追求的不断提高。由此可知，基本需要是成长需要的基础，各种基本需要未能获得满足（或部分满足）之前，成长需要不会产生；而成长需要对基本需要具有引导作用，处于顶层的自我实现的需要对以下各层需要均具有潜在的影响力[①]。

马斯洛认为，在各层次需要之间，人的行为往往受多种需要支配，同一时期可能同时存在多种需要，且每一个时期总有一种需要占支配地位；满足较高层次需求的途径多于满足较低层次需求的途径；越是靠近顶部的成长型需要，满足的百分比越少，即不是所有人都能满足各种需要。缺失需要几乎人人都有，而成长需要并不是所有人都有的，尤其是自我实现的需要，相当部分的人没有；满足需要时不一定先从最低层次开始，有时可以从中层或高层开始，有时个体为了满足高层次的需要而牺牲低层次的需要；任何一种需要并不因为满足而消失，高层次需要发展时，低层次需要仍然存在，在许多情景中，各层次的需要相互依赖与重叠。在某种意义上来说，一个人的生存目的，就是为了追求自我实现。不论是自我实现的需要，还是求知和审美的需要，于人而言都是无止境的。马斯洛说："人性所必须的是，当我们的物质需要得到满足之后，我们就会沿着归属需要（包括群体归属感、友爱、手足之情）、爱情与亲情的需要、取得成就带来尊严与自尊的需要、直到自我实现以及形成并表达我们独一无二的个性需要这一阶梯上升，而再往上就是自我超越性需要。"[②]

因此，教师在设计教学时，为了促进学生的学习和生命成长，应在满足学生基本需要的前提下，引导学生追求和满足自己的成长需要，以达到自我实现和自我超越的成长境界。教师设计的教学是要满足学生的生理和安全的需要、爱和尊重的需要、求知和审美的需要等。对学生来说，他们的这些需要往往都是要依靠学校和教师创造条件提供的，而学生最重要的缺失需要是爱和尊重。马斯洛指出，尊重需要得到满足，能使人对自己充满信心，对社会满腔热情，体验到自己活着的价值；如果缺乏尊重需求，有的孩子就会选择用暴力等极端手段来证明自己的"强悍"。

基于人本主义的教育教学是以促进个体学习和发展人的个性为目标，帮助学生认识自己是独特的人类，并最终帮助学生实现其潜能。教师在教学中应重点帮助学生明确学习的目标和学习的内容，创设能促进学生学习的良好心理氛围，保证学生在充满满足感、安全感的情境中通过教师安排的合适的学习活动，发现学习内容的价值、意义，使学生成为充分发展而有个性的人。教师在教学过程中尤其要重视学生的情感体验，设身处地地从学生的角度去理解学习的过程和学习的内容，帮助学生了解学习的意义，建立

① 莫雷.教育心理学[M].北京:教育科学出版社,2007:263-264.

② 马斯洛.洞察未来[M].许金声,译.北京:改革出版社,1998:258.

学习内容与学习者个人之间的联系，指导学生在一定的范围内自行选择学习的材料，激发学生从自我的倾向性中产生学习倾向，培养学生自发、自觉的学习习惯，实现真正意义上的有意义学习。

四、构建主义学习理论

建构主义学习理论是20世纪80年代中期以来兴起的一种学习理论思潮。构建主义的基本观点是：学习不是由教师向学生的传递知识的过程，而是学生构建自己知识体系的过程；学生不是被动的信息吸收者，而是主动的信息构建者——学习者综合、重组、转换、改造头脑中已有的知识经验，来解释新信息、新事物、新现象或者解决新问题，最终生成个人的意义[①]。该学习理论的主要代表有瑞士心理学家皮亚杰和苏联心理学家维果茨基，如表2-5所示。

表2-5 构建主义学习理论代表人物及观点

学习理论	主要代表人物及其学说	研究及结论	备注
建构主义学习理论	皮亚杰的发生认识论	学习不是个体获得越来越多外部信息的过程，而是学到越来越多有关他们认识事物的程序，即建构了新的认知图式	构建主义心理学创始人，提出发生认识论
	维果茨基的最近发展区	心理发展就是指个体心理在环境和教育的影响下，在低级心理机能的基础上，逐渐向高级心理机能转化的过程	提出最近发展区理论和支架式教学

（一）皮亚杰的发生认识论

皮亚杰认为，学习不是个体获得越来越多外部信息的过程，而是学到越来越多有关他们认识事物的程序，即建构了新的认知图式。“图式”是皮亚杰发生认识论的核心概念，是指个体对世界的知觉、理解和思考的方式，是认知结构的起点和核心，是人类认识事物的基础，可看作是心理活动的框架或组织结构。图式的形成和变化就是认知发展的实质[②]。认知包括同化、顺化和平衡等基本过程，同化是指个体对刺激输入的过滤或

① 莫雷.教育心理学[M].北京：教育科学出版社，2007：64-65.

② 施良方.学习论[M].2版.北京：人民教育出版社，2001：172.

改变的过程；顺应是指个体改变内部图式以适应现实的过程；平衡是指个体通过自我调节机制使认知发展从一个平衡状态向另一个较高平衡状态过渡的过程。这表明，发生认识论中的同化和顺化主要是强调个体对环境的作用和环境对个体的作用。

生物学告诉我们，个体和环境具有相互作用，即认知发展是个体在与环境不断的相互作用中一个主动建构的过程。事实上，皮亚杰有关认知发展理论的观点，离不开他对生命个体的发展进行的生物学观察和分析研究。其结论是：生命个体发展的发生过程不是消极被动的，而是积极主动地在对变化的环境条件作出反应的过程中构建所需要的特定生物学结构的过程。认知发展的实质就是个体通过同化和顺应日益复杂的环境而达到平衡的过程，“认识既是外物同化于认知图式又是认知图式顺化于外物这两个对立统一过程的产物”。当生命个体遇到新的环境刺激，往往先试图用原有图式去同化以获得平衡，倘若用原有图式无法同化时，则会作出顺化，通过调节原有图式或重建新图式，以达到认识上的新的平衡。在平衡与不平衡的交替中不断构建和完整自身认知结构的过程，就是个体认知发展的发生过程。

学生的发展水平决定他们的学习水平，不同发展水平的学生在相同情境的环境中学习的效果和结果都不同，所以想成就学生先成长学生，要提高学生学习先发展学生。教师在设计教学或组织教学的过程中，应多设问或提问“你是怎么知道（解决）的?”“为什么要这样认为（解决）?”，而不只是问“你知道吗?”“你知道了什么?”，并立足学生的发展水平现状“顺水推舟”，而不能“拔苗助长”。例如，“教学内容和作业设计”，无论是教学内容还是作业设计，其难度、容量等都要适合学生的发展水平，不能超越他们年龄所具有的认知水平，否则容易产生“吃不消”的现象而导致学生的学业负担超重。

此外，皮亚杰关于“错误是有意义学习所必需的”的观点认为，人的成长和学习肯定会遇到错误，同时错误也是人生命成长的宝贵资源，是促进学习者对原有认知结构进行重新构建和“蝶变”的催化剂。为了使学生从事自我调节——这是平衡过程的实质性部分，学生需要经历某些冲突或不平衡；错误会引起学生顺化自己的知识结构，并把所观察到的结果同化到修正过了的知识结构中去；对于学生来说，重要的是自己能够提出问题和主动去解决问题，而不是记住别人所给的答案[①]。在教学上，错误也是一种很好的教育资源。教师不但不要害怕学生的错误，也不要忽视学生的错误，而是要利用好错

① 施良方.学习论[M].2版.北京：人民教育出版社，2001：185-186.

误对学生学习和成长发展的作用。

(二)维果茨基的最近发展区

“最近发展区”是由苏联心理学家维果茨基首先提出的一个关系教学与发展的概念。他认为，学生的发展有两种水平：一种是学生的现有水平，指独立活动时所能达到的解决问题的水平；另一种是学生可能的发展水平，也就是通过教学所获得的潜力，两者之间的差异就叫作“最近发展区”。这表明教学对学生的发展有主导作用和促进作用，故教学应着眼于学生的“最近发展区”，为学生提供带有难度的内容，调动学生的积极性，发挥其潜能，超越其最近发展区而达到下一发展阶段的水平，然后在此基础上进行下一个发展区的发展，即“教学的着眼点不仅要看到学生的今天，更重要的是要看到学生的明天”。

根据对高级心理机能形成的因素和内部机制进行分析研究，心理发展就是指个体心理在环境和教育的影响下，在低级心理机能的基础上，逐渐向高级心理机能转化的过程。维果茨基认为，心理发展就是指个体心理在环境和教育的影响下，在低级心理机能的基础上，逐渐向高级心理机能转化的过程；“活动”是外部动作转化为内部智力动作的“桥梁”，人的高级心理机能是在活动（包括人与人的交谈）中不断内化的结果。为了让教学促进发展，维果茨基提出了支架式教学。所谓支架式教学，是指教师为帮助学生解决超出他们知识水平的问题时搭建“支架”进行支持，使之顺利通过最近发展区，直到最后完全撤去支架的教学方法。

教师在设计教学时应关注学习的实质，特别是学生要学习什么、如何学习和学习效率如何等问题，明白要求学生获得什么学习效果（学习目标），了解学生的已有知识、概念和经验，创设良好的学习环境和师生关系，为学生提供促进主动构建知识的有力材料，选择适合的教学方式和指导路径，帮助学生通过最近发展区，同时进入新的发展区。

由此可知，建构主义学习理论强调，学习是一个积极主动的建构过程，知识是个人经验的合理化，而不是说明世界的真理；学生知识的建构是多元化的，而不是任意的和随心所欲的。在知识观上，建构主义在一定程度上质疑知识的客观性和确定性，强调知识的动态性；在学生观上，建构主义强调学生要成为意义的主动建构者，并认为学生在学习时已经积累了一定经验，当进行新的学习时他们就会依靠已有经验和认知能力，形成对问题的解释，由于学生的经验和对经验的信念不同，所以他们对外部世界的理解会表现出不同；在学习观上，建构主义强调学习具有主动建构性、社会互动性和情境性，其中学习的情境性即情境性认知，认为知识是存在具体的、情境性的、可感知的活动之中，不可能脱离活动情境而抽象地存在的，学习应该与情境化的社会实践活动结合起来；在教学观上，建构主义强调教学不是知识的传递，而是知识的处理和转换，教学不能无视学习者的已有知识经验，不能简单强硬地从外部学习对学习者实施知识的“填灌”，而是应当把学生原有的知识经验作为新知识的生长点，引导学生从原有的知识经验中，主动建构新的知识经验；在教师观上，建构主义强调学习者的认知主体作用的同时，也不忽视教师的指导作用，认为教师是学生建构知识的忠实支持者、帮助者、促进者，学生学习的高级伙伴或合作者，而不是知识的传授者与灌输者①。

第三节　教学理论

教学理论是人们为解决教学问题而对教学本质、教学规律、教学过程和教学影响等进行研究的结论。简单来说，学习理论是“学”的理论，而教学理论是“教”的理论。教学理论是教学设计的重要依据，而教学设计本身也是教学理论发展的一种需要和体现，所以教学设计要以教学理论为基础。从古至今，人们从未停止对教学规律的探索，也形成了不少颇具影响的教学理论，如基于行为主义的斯金纳程序教学，基于认知主义的布鲁姆发现教学，基于构建主义的支架式教学、情境教学和探究式教学等。

一、程序教学

行为心理学家斯金纳的程序教学，是指将各学科的知识按其中的内在逻辑联系分解为一系列的知识项目。这些知识项目之间前后衔接，逐渐加深，学生按照知识项目的顺序逐一学习每一项知识，伴随每个知识项目的学习，及时给予反馈和强化，使学生最终

① 莫雷.教育心理学[M].北京:教育科学出版社,2007:63-65.

能够掌握所学的知识，达到预期的教学目的[①]。

程序教学是基于操作性学习的，是能让学生个体根据自己的学习水平和速度，按照特定的顺序和小步子安排的材料（将教材分成的一个个小部分内容）以实现教学目标的一种个别化教学的方法。斯金纳认为，动物的行为可以运用逐步强化的方法，形成操作性条件反射。程序教学的核心是精心设置知识项目序列（科学设计好小步子）和合理运用强化程序。强化可分为正强化和负强化，当在环境中增加某种刺激（如奖励），有机体反应概率增加，这种刺激就是正强化；若在环境中增加某种刺激（如惩罚），反应概率减少，这种刺激则是负强化。由于程序教学往往借助教学机器进行辅助教学，以减轻教师负担，提高教学效率，因此又称机器教学。

程序教学遵循积极反应、及时反馈、小步子、自定步调、低错误率等教学原则[②]。按照积极反应原则，程序教学是以问题的形式呈现学习内容，使学生对这些问题作出积极的反应，自己动脑、动手去主动完成学习任务。依照及时反馈原则，程序教学要求教师在学生作出学习反应后，应及时给予结果反馈和行为强化，使学生及时知道正确与否，以增强学生学习的自信心。依据小步子原则，程序教学对教学内容（或教材）分解成若干小的、有逻辑顺序的单元内容，编成程序，且后一步的难度略高于前一步，但两者之间的难度区分度很小；同时学生每完成一小步，教师都应给予一次强化，这样有利于促进学生通过努力“拾级而上”自我解决问题，从而不断增强获得感，使之实现自身强化，进而提高他们的学习参与度、主动性和积极性。自定步调原则表明，程序教学是以学生为中心，尊重学生个体的差异性，鼓励学生按最适宜自己的速度、节奏和思维方式进行学习，并及时给予强化，使每个人都得到成长和发展。显然，这一原则不太适合班级授课制下的教学，尤其是比较大的班级，即自定步调原则要以个别化教学方式为基本条件。低错误率原则，程序教学在教学过程中应尽量避免学生出现过多的错误，因为过多的错误会影响学生的学习情绪和速度，而少错误或无错误的学习则可增强学生学习的积极性和效率。

根据上述教学原则，程序教学的基本操作程序可归纳为“解释—问题（提问—解答—确认”，如图2-3所示。也就是说，程序教学把学习内容分成一个个小问题，系统排列起来，通过编好程序的教材或特制的教学机器，逐步提出问题（刺激），学生选择

① 莫雷.教育心理学[M].北京：教育科学出版社，2007：40.

② 钟启泉，黄志成.美国教学论流派[M].西安：陕西人民教育出版社，1993：283-284.

答案，回答问题（反应），回答完立即就知道学习结果，确认自己的回答是否正确，正确后方可进入下一个小问题（程序）学习，同样是按照相同的操作流程进行，若错误则需采取补充程序，再学习同一内容，直到正确为止。每解决好一个小问题，教师都要对学生进行肯定强化，以帮助学生更高效地达成学习目标。

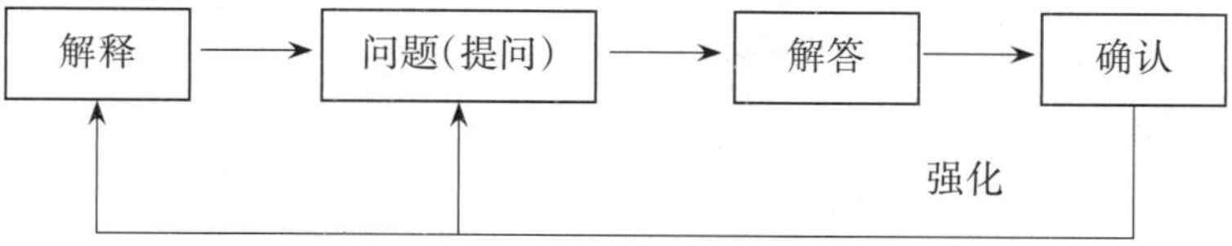

图2-3　程序教学的基本操作程序

二、发现教学

认知心理学家布鲁纳的发现教学，是指教师提供一定的材料，创设问题情境，引导学生独立地发现解决问题的方法、发现事物之间的联系和规律，获得相应的知识，形成或改造认知结构的过程。在发现教学中，教师要从学生的好奇、好问、好动的心理特点出发，引导学生在创设问题情境或提供的材料中，自己去发现问题、分析问题和解决问题，成为知识的积极探索者和发现者。因此，发现教学特点有三个方面：一是教学围绕一个问题情境而不是一个知识项目展开；二是教学中以学生的"发现"活动为主，教师起引导作用；三是没有规定的组织形式，能最大限度地发挥学生在学习中的主体性和创造性[①]。

布鲁纳强调："发现不限于那种寻求人类尚未知晓之事物的行为。正确地说，发现包括用自己的头脑亲自获得知识的一切形式。"[②]发现法作为一种教学方式，无论是教学过程，还是教学目标，更多关注的都是学生的学。这种意义下的"发现学习"，突出学生的自主探索和合作学习，具有注重学习过程的探究性、注重直觉思维、注重内部动机和注重信息的灵活提取等特征[③]。

肖少北把发现教学的一般步骤梳理为：创设问题情境，形成探究动机；根据情境需要，提供辅助材料；积极思考分析，主动提出假说；尝试验证假说，得出研究结论，如

① 莫雷.教育心理学[M].北京：教育科学出版社，2007:52.
② 邵瑞珍.教育心理学参考资料选辑[M].上海：上海教育出版社，1990:190.
③ 钟启泉，张华.课程与教学论[M].上海：上海教育出版社，2003:123.

图2-4所示。[①]因此，教师在设计教学或组织教学时，所创设的问题情境要立足于学生的发展水平和学习兴趣，能使他们产生问题意识，激发探究学习动机，因为学生只有意识到问题，才能发现问题和解决问题。

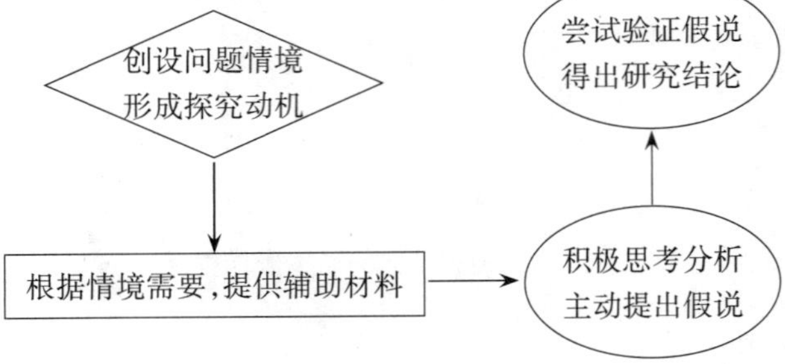

图2-4 发现教学的一般步骤

福建师范大学余文森教授指出，在发现教学中教师的引导不能太具体、太“露骨”，否则就无需学生的自行发现，所以教师的引导必须含而不露，指而不明，从而给学生留下自我选择、判断、联想、开拓、发现、创造的思维空间。发现一定要在学生学习的“阵痛”中产生出来，才有价值，才能给学生留下深刻印象，才能对其智力和创造力的发展起积极的推动作用[②]。教学不只是为了目前的学习，还应该使学生能够主动地选择、储存和改造知识，从而促进今后的学习；通晓某一学科，不但要掌握一般原理，也要发展对待学习和调查研究，对待推测和预感，对待独立解决难题的可能性等态度。

三、支架式教学

“支架”原意是指架设在建筑物外部，用以帮助施工的一种设施，用在教学上是比作对学生问题解决和意义建构起辅助作用的概念框架[③]。所谓支架式教学，是指教师在教学过程中为学生提供概念框架，让学生通过这些支架一步一步地攀升，逐渐发现和解决学习中的问题，掌握所要学习的知识，提高问题解决能力，从而成长为独立学习者的一种教学法。简言之，支架式教学就是教师在教学时为学生提供有利于理解知识的“三

① 肖少北.布鲁纳的认知——发现学习理论与教学改革[J].外国中小学教育，2001(5)：38-41.
② 余文森.发现学习的特点、功能及其教学原则[J].外国中小学教育，1994(6)：13-15.
③ 高芹.“支架式教学”的理论与实践探索[J].中国电力教育，2010(4)：49-50.

架”，并借助“支架”进一步使学生深层次理解教学内容的教学过程。在支架式教学的视野中，教学并不是把现成的知识教给学生，而是在学生学习的过程中向他们提供一套恰当的“支架”，来帮助学生理解特定知识，建构知识意义。教师引导教学，使学生掌握和内化能使其从事更高认知活动的技能，这种掌握和内化是与学生年龄和认知水平相一致的，一旦学生获得了这些技能，便可以更多地对学习进行自我调节①。

支架式教学法是以苏联著名心理学家维果茨基的“最近发展区”为理论依据，其核心思想是构建支架，突出以学生为中心，以学生自身的知识水平为基础，强调以培养的问题解决能力和自主学习能力为目标。“支架”如何构建？在哪构建？何时构建？选择什么材料进行构建？在运用支架式教学理论进行教学设计或组织教学时，思考清楚和理解透彻这些问题至关重要，同时也非常有必要。首先，“支架”应构建在学生需要对问题进一步理解时，且在教与学之间的合适的连接处；其次，“支架”应根据学生的“最近发展区”来构建，要吻合学生的发展水平，且能较好地帮助学生渡过困难并把对知识的理解逐步引向深入；再次，所构建的“支架”应能调动学生学习的积极性和主动性，通过不断的自我构建，最终帮助他们走向学习自主、自觉和自律，从而撤去支架；最后，“支架”要根据教学进程需要、教学对象灵活地建和撤，即教学“支架”应是“边学边建，边建边撤，再学再建，直到再撤”的动态过程。在某种意义上来说，教师本身也是学生成长的一种独特且非常重要的“支架”，所以“支架”可以不囿于“概念框架”，可以是图表图片、视频动画、指南说明等，还可以是学生攀岩时脚下的“那个小石头”、口渴时的“那杯水”、饥饿时的“那个面包”、困难时“那个帮助”、摔倒时“那个护手”、伤心时充满温暖的“那个拥抱”。

支架式教学的基本环节包括：进入情境、搭建支架、独立探索、协作学习、效果评价等过程②，如图2-5所示。进入情境，即把学生引入创设的问题情境，激发学习动机、兴趣和问题意识。搭建支架，即围绕学习主题，根据学生的“最近发展区”提供学习所需要的支架。独立探索，即让学生自己决定探索问题的方向，选择自己的方法，独立进行探索，但开始时要先由教师启发引导，接着让学生自己去分析，然后教师在探索过程适时、适度提示，帮助学生沿着支架逐步攀升。协作学习，即小组进行协商、讨论，进行合作学习，使之前相互矛盾的意见和态度纷呈的复杂局面逐渐变得明朗而一致起来，

① 张建伟，陈琦．从认知主义到建构主义[J]．北京师范大学学报（社会科学版），1996(4)：75-82．

② 张华．课程与教学论[M]．上海：上海教育出版社，2000：482-483．

在共享集体思维成果的基础上达到对所学概念形成比较全面、正确的理解，最终完成对所学知识的意义建构。效果评价，即针对学生在自主学习能力、对小组协作学习所作出的贡献和是否完成对所学知识的意义建构等方面的表现，进行学生个体的自我评价和学习小组对个人的学习评价。

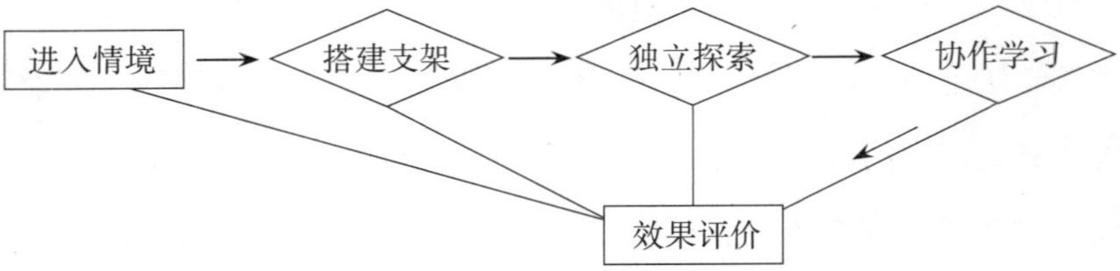

图2-5 支架式教学的基本环节

四、情境教学

建构主义认为，学生要想完成对所学知识的意义建构，达到对该知识所反映事物的性质、规律以及该事物与其他事物之间联系的深刻理解，最好的办法是让学生到现实世界的真实环境中去感受、去体验（通过获取直接经验来学习），而不是仅仅聆听别人（如教师）关于这种经验的介绍和讲解。

基于建构主义的情境教学，是指学生在所创设的含有真实事件或真实问题的情境中，通过对事件的探究或问题的解决，实现对知识的自主理解和意义建构的教学方式。由于该教学方式是以真实的实例或问题为基础，故又称为“实例式教学”或“基于问题的教学”。情境教学中的各种事件或问题是学生要完成的“真实性任务”，是师生思想集中的焦点，师生对这些事件或问题的探究使教学内容及其进程成为一个动态的、有机的整体。而这些事件或问题恰如一个个“锚”，把师生的“思想之船”固定在知识的海洋之中，在对知识的纵深探究中不断构建每一个主体自己的意义，所以情境教学还被形象地称为“抛锚式教学”[①]。

情境教学的主要意旨是使学生凭借自己的主动学习、生成学习，在一个完整而真实的问题情境中，产生学习的需要，并通过成员间的互动、交流，亲身体验从识别目标到提出和达到目标的全过程。这表明情境教学突出“以学生为中心”“以情境为平台”和“以问题为纽带”的教学定位。也就是说，情境教学中的每一个学生都是知识理解和意

① 张华.课程与教学论[M].上海：上海教育出版社，2000：477-478.

义建构的主体，在问题解决过程中都是平等交往、合作学习的参与者（甚至包括教师在内）。师生共同置身源于现实生活的真实情境这个平台，通过"问题"纽带让彼此相互关联，并在思维碰撞、思想交流和思路分享的互动中完成问题的解决和意义的建构，从而实现彼此的生命成长。

情境教学的基本过程包括创设情境、确定问题、自主学习、协作学习和效果评价五个环节[①]，如图2-6所示。创设情境，即根据学习者的发展需求创设对学习者是真实的情境。确定问题，即从情境中选出与当前学习主题密切相关的真实事件或问题。自主学习，即每一位学习者自主进行问题解决，教师的职责不是直接告诉学生应当如何去解决面临的问题，而是向学生提供解决该问题的有关线索，如需要搜集哪一类资料、从何处获取有关的信息资料以及现实中专家解决类似问题的探索过程等。协作学习，即教师与学生之间或学生与学生之间就解决问题的方案和过程进行讨论、交流，在不同观点的冲突、碰撞、补充、修正中加深对当前问题的理解。效果评价，即教师观察和记录学生在对具体问题的解决过程的表现作为评价[②]。

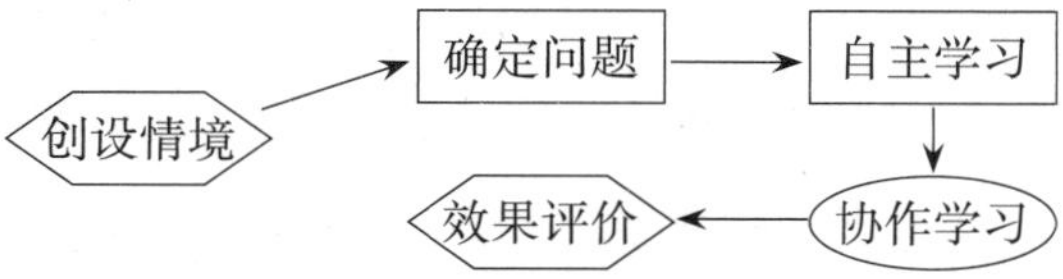

图2-6　情境教学的基本环节

情境认知理论认为，学习是情境性活动，没有一种活动不是情境性的[③]。可见，知识和学习是与情境化的活动联系在一起的，即人的认知和教学活动具有情境关联性。因此，教师在设计教学或组织教学时，不仅要体现情境性，更要在情境中成长和实现全面而有个性地发展。

五、探究式教学

探究式教学又称探究教学，是指在教师的指导下学生积极参与科学探究的实践过程，模拟科学家分析解决问题的方法，体会科学家如何面对疑难，养成主动探索、主

① 丁家永.建构主义和教学心理学研究的新发展[J].南京师范大学学报,2000(5):68-74.

② 张华.课程与教学论[M].上海:上海教育出版社,2000:479.

③ 莱夫,温格,情景学习:合法的边缘性参与[M].王文静,译.上海:华东师范大学出版社,2004:3

动思考、主动获取知识和发展能力的习惯，并学会搜集和加工需要的新资料，从而获得在真实生活情境中发现问题、解决问题的方法，进而培养自己的创新精神和实践能力的实践活动，具有过程性、体验性、探究性、能力与情感取向性等特征[①]。所谓探究性学习，是指学生通过类似科学家科学探究活动的方式获取科学知识，并在这个过程中，学会科学的方法和技能、科学的思维方式，形成科学观点和科学精神的一种学习方式。

探究式教学理论的代表人物有美国教育学家萨其曼和约瑟夫·施瓦布等。前者注重实践，主张“探究方法的训练”模式，重点是帮助学生认清事实，建立正确的科学概念，并形成假设以解释新接触到的现象或事物；后者以“科学的结构”和“科学的结构是不断变化的”为前提，从理论方面揭示探究过程的本质及其特性，并力图在教学中引进现代科学的成果，使学生把握学科的结构，体验探究的学习。

我国颁布的《基础教育课程改革纲要（试行）》明确提出，要“改变课程实施过于强调死记硬背、机械训练的现状，倡导学生的主动参与、乐于探究、勤于动手，培养学生搜集和处理信息的能力、获取新知识的能力、分析和解决问题的能力，以及交流与合作的能力。”正如约瑟夫·施瓦布所言，教师应该用探究的方式展现科学知识，学生应该用探究的方式学习科学内容。探究式教学认为，学习不仅仅是一个知识摄入的过程，而且是一个包含态度和情感的综合体验过程，即学生在探究性学习中不仅获取知识，而且内心对于世界和知识的态度与情感，这种态度、情感和知识一起，成为学习者认知图景的一部分，这说明学习的过程也是学生人生观、价值观和世界观形成的过程，以及人生意义获得的过程[②]。

一般探究式教学的基本过程可归纳为创设情境、选定课题、自主合作探究、分享交流、总结反思五个环节，如图2-7所示。

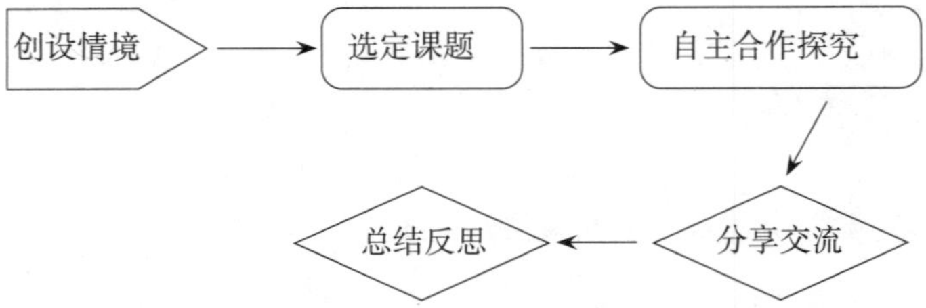

图2-7 探究式教学的基本环节

① 李文送.高中生物新课程探究式课堂教学模式的构建[J].教育研究与实验·新课程研究，2015(12)：11-12.

② 李森，于泽元.对探究教学几个理论问题的认识[J].教育研究，2002(2)：83-88.

创设情境，即教师根据教学目标和教学进度，围绕课程中的某个知识点，通过问题、任务等多种形式创设适宜激发探究思维的学习情境，引导学生在情境中找出自己感兴趣的课题。选定课题，即教师通过提出富有启发性、能引起学生深入思考、并与当前学习对象密切相关的问题，以便学生对自己的课题进行重组、重构和选择，形成小组合作探究的课题。自主合作探究，即学生在教师的指导下，通过“自主、合作、探究”的学习方式，以小组的形式开展课题探究，体验探究的过程。分享交流，即在教师的组织、协调和引导下，各研究小组交流分享本小组的研究思路、过程、成果以及形成的观点体会。总结反思，即教师和学生对学习进行总结、反思和评价，并在此基础上对当前知识点进行深化、迁移与提高，鼓励进一步生成新问题，寻找新课题。

从现代构建主义的观点来看，学习是学生对知识意义的主动构建过程，教学主要是帮助和促进学生对知识意义的构建。因此，教学要承认、尊重和发展学生的共性和个性，彰显学生对学习任务的自主权的同时也要重视教师对学生成长的引导作用，要创造机会给学生进行自主、合作和探究学习，自主构建知识及其意义，并对所学内容与过程进行反思。

第四节　传播理论

教学是由教师的教和学生的学所组成的一种互动的教育活动，是一种教育信息传播的过程，因此需要遵循传播的一般规律。所谓传播，是指人与人之间为了共享信息、建立共同意识以及协调行动的关系（人际的和社会的）而进行的信息交流活动[①]。传播通常由传播者、信息内容、信息通道和受传者等构成。教育传播就是由教育者按照一定的目的和要求，选定合适的信息内容，通过有效的媒体通道，把知识、技能、思想、观念等传送给特定的教育对象的一种活动，是教育者与受教育者之间的信息交流活动。

传播理论是教学设计的理论基础。传播理论揭示了教学过程的双向性，以及教学过程中所涉及的各要素和各要素之间的动态联系。关于传播过程，学者进行了不少的探索，也形成了一些模式，下面简要介绍“5W”“7W”和SMCR传播模式。

① 顾明远.教育大辞典[M].上海：上海教育出版社，1998：447.

一、“5W”传播

“5W”传播过程模式实质上是一种直线传播模式，是由美国政治学家哈罗德·拉斯韦尔1932年提出，并在1948年出版的《社会传播的结构与功能》一书中进行补充和清晰描述。“5W”传播过程模式包括谁（Who Says，教师或其他教学信息源）、说什么（What，教学内容）、通过什么渠道（In Which Channel，教学媒体）、对谁（To Whom，教学对象）、产生什么效果（With What Effect，教学效果）等基本要素[①]，如表2-8所示。在该模式中，“通过什么渠道”也可以理解为如何传递，即教学策略。

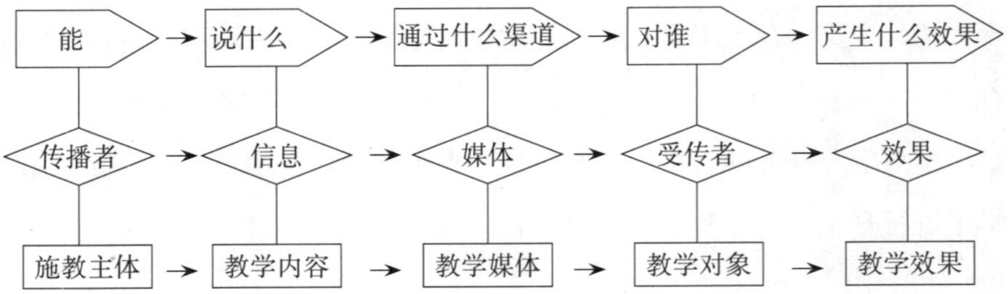

图2-8 “5W”传播过程模式

二、“7W”传播

1958年，加拿大学者理查德·布雷多克在“5W”基础上提出“7W”传播过程模式，即传播过程增加两个要素：为什么（Why，教学目的）和在什么情况下（Where，教学环境）。

“7W”对“5W”来说是一种发展和完善。基于传播理论的教学设计要关注、考虑、分析和研究上述“7W”要素。正如北京师范大学乌美娜教授所说，传播过程要素构成教学设计过程的基本要素，其相应领域如传播内容分析、受众分析、媒体分析、效果分析等研究成果，也在不同程度上为教学设计中的学习内容分析、学习者分析、教学媒体的选择以及教学评价等环节所吸收[②]，如表2-7所示。

① 皮连生.教学设计:心理学的理论与技术[M].北京:高等教育出版社,2000:14-15.

② 乌美娜.教学设计[M].北京:高等教育出版社,1994:16-17.

表2-7　传播过程和教学设计过程对应的要素

序号	传播过程要素	教学设计过程要素
1	为了什么目的	学习需要分析 教学目标的分析
2	传递什么内容	学习内容分析
3	向谁传递	教师、教学资源的可行性分析
4	向谁传递	学习者(教学对象)分析
5	如何传递	教学策略选择 教学媒体选择
6	在哪里传递	教学环境分析
7	传递效果如何	教学评价

三、SMCR传播

1960年，贝罗提出贝罗模式。该模式是综合哲学、心理学、语言学、人类学、大众传播学和行为科学以解释传播过程中四个要素（信源、信息、通道和受传者）的模式，又称SMCR传播模式，其中，S代表信息源source，M代表信息message，C代表通道channel，R代表受传者receiver，如图2-9所示。

SMCR传播模式更为明确和形象地说明传播的最终效果不是由教学传播过程中某一要素决定的，而是由组成传播过程的4个要素及其之间的相互关系共同决定的，揭示了教学过程各要素的动态联系[①]。

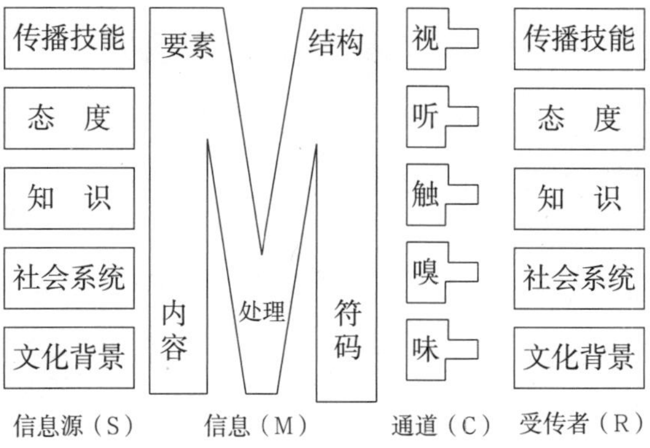

图2-9　SMCR传播模式

① 皮连生.教学设计:心理学的理论与技术[M].北京:高等教育出版社,2000:19.

在SMCR传播模式中，信源（传播者）需要考虑其传播技术、态度、知识水平、在社会中的地位、影响与威信以及学历、经历与文化背景；在传播过程中，受传者可以变为传播者，同时传播者也可以变为受传者；信息中的“符码”包括语言、文字、图像与音乐等，“内容”即传播者所选取的材料（除了信息成分外，还有信息的结构），“处理”即传播者对选择及安排符码所作的决定；通道是指传播信息的各种工具（如各种感觉器官），载送信息的声、光、空气、电波、报纸、杂志、播音、电影、电视、电话、唱片、图画、图表等①。在传播过程中，信息的内容、符码的处理均能影响通道的选择，如何种信息该用语言传送，何种信息该用视觉方式传送等，而通道的选择会影响信息的传送与接收效果。

随着传播学的发展，人们越来越意识到传播者和受传者都是积极的主体。传播是一种双向的互动过程，受传者不仅接受信息、解释信息，对信息作出反应，而且还包括反馈和干扰等要素，如图2-10所示。

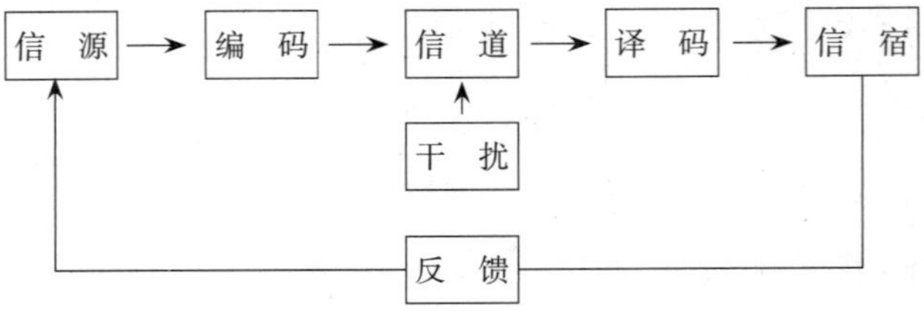

图2-10 加入反馈的传播模式

美国教育心理学家罗伯特·加涅认为，任何一个教学传播系统都是由“信源”发布“消息”，编码处理后通过“信道”进行传递，再经过译码处理，还原为“消息”，被“信宿”接收。教学信息的传播同样是通过教师和学生双方的传播行为来实现的，所以教学过程的设计必须重视教与学方面的分析与安排，并充分利用反馈信息，通过反馈环节随时进行调整和控制，以达到预期的教学效果②。

① 顾明远.教育大辞典[M].上海:上海教育出版社,1998:177.
② 乌美娜.教学设计[M].北京:高等教育出版社,1994:.15-17.

第三章

教学设计

【导读】 教学始于教师的教学设计。在教学之前，教师必须对教学进行预设，依据相关理论、规律、课程要求和成长需求，对教学进行科学设计。因此，不论是师范生还是在职教师，都应理解和掌握好教学设计的基本要义，包括教学设计的定义、特征、作用和程序等。

第一节 教学设计的含义

什么是教学设计？对于这个问题，不同的教育学者有着不同的理解和界定。乌美娜教授在1994年主编的《教学设计》一书中指出，“教学设计作为一个系统计划的过程，是应用系统方法研究、探索教学系统中各个要素之间的关系，并通过一套具体的操作程序来协调配置，使各要素有机结合以完成教学系统的功能[①]。”和雷根认为：“教学设计是把学习与教学的原理转换成教学材料，教学设计是一个系统化规划教学系统的过程。教学系统本身是对资源和程序做出有利于学习的安排。任何组织机构，如果其目的旨在开发人的才能均可以被包括在教学系统中。”

我国著名教育心理学家皮连生认为，教学设计是运用现代学习与教学心理学、传播学、教学媒体论等相关的理论与技术，来分析教学中的问题和需要、设计解决方法、试行解决方法、评价试行结果并在评价基础上改进设计的一个系统过程[②]。

王永胜教授把教学设计界定为，“教育技术领域中的研究教学系统、教学过程、授课教材和制订教学计划的系统方法，是以传播理论和学习理论为基础，应用系统理论的观点和方法，调查教学中最新的问题和需求，确定教学目标，安排解决问题的步骤，选择相应的教学活动和社会资源，分析评价教学结果，使教学效果达到最优化的一种系统研究方法。”同时，从现代教学设计视角，把教学设计定义是“运用系统方法，在对教学系统中的各种要素（教师、学生、教学目标、内容、教学媒体等）进行科学分析的基础上，整合各种课程资源，运用现代学习心理学理论，设计规划学习的程序，学习内容的呈现方式及学习结果的评价标准的过程[③]。”

根据裴新宁教授的理解，从内容上看，教学设计有广义和狭义之分，在广义上，教学设计是指把课程设置计划（总体规划及各门具体课程计划）、课堂教学过程、媒体教学材料看作教学系统的不同内容层次所进行的系统设计；在狭义上，教学设计是指对具

① 乌美娜.教学设计[M].北京:高等教育出版社,1994:11.

② 皮连生.教学设计:心理学的理论与技术[M].北京:高等教育出版社,2000:2.

③ 王永胜.生物新课程教学设计与案例[M].北京:高等教育出版社,2003:2-3.

一门课程或某一教学单元、单课或某一项培训这些较小教学系统的设计①。

综上所述，我们对教学设计可以有一个比较清晰的把握，即教学设计是依据教学的基本规律和目标要求，针对教学对象和教学环境，运用系统思想、学习理论、教学理论和传播理论等来计划和设计教学过程的诸环节（如备课、授课、反馈、评价）及各要素（如教师、学生、教学目标、教学内容、教学条件、教学方法、教学媒体、教学组织形式、教学活动、学习结果、教学评价等），以实现教学效果最优化的过程与结果等的设计。教学设计要凸显“以学为中心”的教学立场。教学设计需要根据系统的思想，依据学习理论、教学理论和传播理论及课程标准来设计教学的过程和具体环节，而不能仅凭教师的个人想法和教学经验来规划。

教学设计与教案不同，后者通常是教师从教学内容出发，依靠教师的实践经验、个人想法来安排教学过程和选择教学方法、教学媒体等，考虑较多的是教师“怎样教”和“教什么”；而前者聚焦的重点则是学生“如何学”和教师“为什么教”。因此，教学设计是一个包括分析教学问题、研究教学对象、设计解决方法并试行、评价结果，并在评价基础上修订方案的系统研究过程，不仅要考虑有关的教学内容和方法，还要考虑教学背景、教学对象、教学策略、教学媒体、教学评价等因素，并用系统论的方法来加以统筹规划和组织，从而使教学活动达到优化的效果。

最后，需要强调的是教学设计只是对教学过程的一种“预设”，而不是一种必须严格执行的“规定”。在实施过程中，需要教师根据实际的教学情境和学习现况进行适当调整和再生成。在这点上，教学设计与建设楼房的设计图纸、图书的封面设计、商品包装的设计、产品的商标设计等其他必须严格执行的设计有很大不同。

因此，教师在实施教学设计的过程中要有“变”的思维和“再生成”的思想，把握好教学过程的预设性、现场性、变化性和生成性等特征及联系，在教学过程中根据实际的教学情境灵活进行调整和改变，体现课程教学的创生性，而不把教学设计当成“建筑的设计图纸”，也不把教学设计当作“演奏歌曲的乐谱”。

---

① 裴新宁.现代教学设计的概念与特征[J].开放教育研究，2005，11(2)：65-70.

第二节 教学设计的特征

教学设计亦称为教学系统设计，是面向教学系统，解决教学问题的一种特殊的设计活动，它既具有设计的一般性质，又必须遵循教学的基本规律①。教学是以促进学习方式影响学生的一系列事件，所以教学设计的精要就是要为学生创造合适的学习环境。

一、教学设计的基本组成

美国心理学家马杰认为，教学设计由三个基本问题组成，首先是“我要去哪里?”，即教学目标的制定；其次是“我如何去那里?”，包括学习者起始状态的分析，教学内容的确定、教学方法、教学媒介的选择等；再次是“怎么判断我已达到了那里?”，即教学评价与监控②。上述三个基本问题实质包括教学目标、教学对象、教学内容、教学方法（教学策略）、教学媒体和教学评价等六大要素，这些要素是教学设计过程的共同特征要素，是教学设计的基本组成部分，如表3-1所示。

表3-1 教学设计的基本组成

组成	操作	说明
教学对象	分析学习者和学习需要	分析和预测教学对象，评定初始能力，确定学习需要、问题和目的
教学内容	分析学习内容	说明学习内容，分析教学任务
教学目标	阐明学习目标	说明目标、陈述目标、确定目标、设计行为目标
教学方法	制订学习策略	安排教学活动、说明方法、确定策略
教学媒体	选择教学媒体	选择教学资源、使用媒体、开发教学材料
教学评价	评价教学效果	分析和评价过程和结果，进行反馈

裴新宁教授认为，读懂“学习者”“情境脉络”和“学习环境”等概念是认识现代教学设计的必要前提。他认为，现代教学设计的学习者主要指“学习中的人”，强调学习是互动的，且包含三层基本含义：第一，在学习活动中，学习者是具有学习的权利和

① 皮连生.教学设计：心理学的理论与技术[M].北京：高等教育出版社，2000：1-2.

② 莫雷.教育心理学[M].北京：教育科学出版社，2007：312.

义务的学习主体，他们不仅有着高级智慧和巨大的发展潜能，同时也是具有极其丰富多样性的个体；第二，学习是参与学习活动的人与人之间的社会性互动，是环境和自己个人世界互动建构知识的统一过程；学习者是意义制定者、知识拥有者和问题解决者；第三，为了达到有效的学习，学习活动中的每一个人（特别是学生），都有权利和义务参与教学决策①。

要理解“情境脉络”这个概念，不但需要有教学设计的理论知识，而且需要丰富的实践体验。知识经过编码成为书本上的符号后，往往就被去除了情境脉络。传统教学设计试图将不同教师个性化的教学智慧还原为如同计算机信息加工程序般的几个统一的事件，将知识再一次去情境脉络化，但现代教学设计则主张在各种场景中的真实学习，即要为去情境脉络化的知识重建情境脉络，以促进学习者真正地理解知识和构建知识。所以，情境脉络可理解为学习和教学场景中与具体学习及教学行为直接关联的、即时生成的、动态变化的因素关系，其考虑较多的是“变量在时间和空间等多个维度上的影响”。

学习环境是关于教学系统的一个新隐喻，是基于系统科学从设计角度对教学系统复杂关系的认识。从这一视角来看，教学设计实质是学习环境设计，这是现代教学设计的一个重要标志。根据系统设计专家贝拉·巴纳锡等人关于教育系统层次的两条基本假设：一是学习者是关键实体，处于教学系统的核心，学习者的学习经验是系统的基本层次，其他各子系统可以看作是学习的给养供应；二是学习发生与维持的充要条件是学习者具备一定的先拥经验及学习者与各系统要素的互动，教学系统实质是一种学习系统，以学习者为中心，核心行为是学习，其功能在于输出所需求的人才。

以学习者为中心的教学系统包括学习者、动力、资源、活动和媒体五个基本要素，这些要素分别构成学习者系统和学习环境系统两个相互作用、相互促进的部分，后者包括动力维持、学习资源、学习活动和媒体传输，以及为学习者的学习提供不同的给养的所有“促进学习者学习的过程和资源”。上述五个基本要素在运行时构成了五个运行子系统：学习者自身准备系统、学习动力维持系统、学习活动系统、学习资源系统、媒体传输系统，它们相互交织，形成了一定的嵌套关系，而不是简单的包含关系，如图3-1所示②。

① 裴新宁.现代教学设计的概念与特征[J].开放教育研究，2005，11(2)：65-70.

② 裴新宁.现代教学设计的概念与特征[J].开放教育研究，2005，11(2)：65-70.

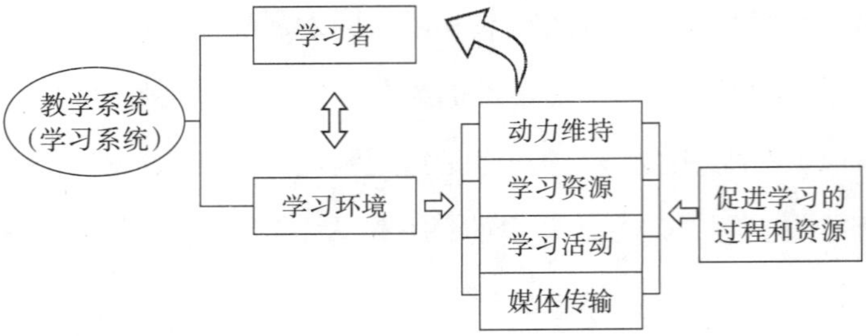

图3-1 以学习者为中心的教学系统构成要素

我们认为，教学的过程是教师共同参与和生成的动态过程，在课堂教学中没有旁观者，人人都是参与者和潜在的学习者。教师的主要任务就是要创设并维持有利于学生自我主动构建知识、生成意义和与他人互动交流的学习环境，并根据相关理论、实践经验和场景使各个环节相互协调、相互促进，从而实现整体优化，做好学生学习成长的参与者、促进者和引导者。

二、现代教学设计的特征

教学设计具有系统性、灵活性和具体性等特点①。系统性是指教学设计过程是一个科学逻辑的过程，需要从教学系统的整体功能出发，综合考虑教师、教材、媒体、评价等各方面在教学中的地位与作用，使之相辅相成，互相促进，产生整体效应；灵活性是指教学设计的实际工作往往不一定按照流程图所表现的线性程序开展，而要根据现场情况进行灵活调整和改变；具体性是指教学设计过程中的每一环节的工作都是相当具体的。伴随信息技术的快速发展和知识的不断丰富，现代教学设计有如下六大特征。

（一）凸显“以学为中心”

“以学为中心”体现了以人为本、基于学习与自主构建知识的现代教学设计理念是教学设计的生命力关键所在，是现代教学设计最本质、最显著的特征。“以学为中心”的教学设计，特征有三：一是强调把学习者作为教学设计活动的聚焦点，所有设计活动均围绕有利于学习者学习与发展的教学实践而展开，而不是依照设计的流程而

① 皮连生.教学设计：心理学的理论与技术[M].北京：高等教育出版社，2000：5.

展开；二是关注人类学习研究的新成果并以教育发展的系统科学观为基本依据；三是强调要以学科内容知识为依托，通过设计各种促进学习的过程和资源，帮助学习者有效地解决问题，引导他们树立创新意识，实现整体和谐发展。现代教学设计的基本出发点和目的都是促进学习者的学习与发展，因此教师需要对课程教学进行重构、精心设计，使教学有利于帮助学生对学习和知识及意义进行自主构建。

（二）突出目标导引作用

现代教学设计要求明确目标，且要得到师生的认同和能反映他们对教与学的预期。目标既是现代教学设计过程的“坐标点”，又是检验教学设计效果的“监测站”。在目标的指引下，教学就有了方向，学习就有了定位，学习者的问题解决就有了导航，教学效果的监测与评价就有了“标准”和参照。明确目标，“不是为了限制学习者的活动，而是在于连接学习环境中的各个子系统，使学习者有限的认知资源聚焦主要任务，激励各种社会性的协作，调动各种可利用的资源支持”。这点对课堂教学和教学设计来说，不仅非常重要，而且很有必要。

以建构主义等理论取向为指导的现代教学设计不但关注学习者的主体性，而且关注教学的生成性，尤其是学生观点的生成性和教学过程的生成性。现代教学设计强调“为学习设定基本目标的同时，也为生成性学习留出空间，即关注在实现基本目标的过程中，编目之外的、游离而出的更有价值的目标”。

（三）强调情境真实性

教学设计的优势功能并不在于帮助学习者简单回忆信息或者运用某种规则，而在于帮助学习者如何能够更好地完成将会在真实世界中发生的行为。这就需要学习环境和实际任务场景具有高度的一致性。裴新宁指出，现代教学设计把学习与教学看作是一种适应某种实践共同体文化的形式，为使学习者真正理解知识，克服从学校获得往往是无法迁移和应用的“呆滞”知识的弊端，需要营造类似实践共同体环境的知识情境脉络[①]。美国人类学家莱夫和温格认为，学习是整体的、不可分的社会实践，是现实世界创造性社会实践活动中完整的一部分，是实践共同体中合法的边缘性参与。在实

① 裴新宁.现代教学设计的概念与特征[J].开放教育研究，2005，11(2):65-70.

践共同体中，情境是真实的，是与日常生活和实践紧密相连的。

现代教学设计强调要设计真实的学习情境，关注学生在真实世界中的表现。设计者可以通过虚拟真实的问题情境脉络创设有利于学习者理解和掌握知识与技能的学习环境，要将某些问题的类型及解决问题的困境和全部的复杂性尽可能地在学习过程中呈现给学习者。在这一方面，教师可借助多媒体技术、网络平台、虚拟空间、移动终端等的优势，使学生可以通过计算机、手机等中介来获得对真实世界的认识。当然最重要的是通过在真实或虚拟真实的环境中学习，习得当下和未来可以在真实的生活世界中能够学以致用或变迁运用的核心素养。简而言之，就是使学生在学校所学习的知识和到社会生活所需要的知识实现无缝对接。

（四）采用可信评价方式

教学评价是构成教学质量管理体系的组成部分，是日常教学过程中不可或缺的重要环节，是了解教学过程、分析教学效果、调控教学行为、改善教学策略和提高教学质量等的重要手段，具有诊断、激励和促进作用。现代教学设计的评价环节强调要对学生的各种“表现”作出适当的评价。

首先，要评价各种“表现”。这要求设计者在教学设计中要注重过程性评价和发展性评价，即淡化原有的甄别和选拔功能，突出评价促进发展的目的，以满足学生成长和发展的需要，从而发挥激励的作用，进而激发他们内在发展动力，促进其不断进步实现其自身价值。

其次，适当的评价就是评价要适合和恰当。教学评价不能“为评价而评价”，而要适度、适时和适人，不要人人、时时、事事都评价，如果一个学生的某种努力、进步或成就频繁得到教师的赏识性评价，学生担心失败的压力会增大，而且追求进步的动机会由内在动机转变成外在的工具性动机，会在很大程度上影响其长远发展；相反如果教师适当减少评价和激励，反而可以激发学生的内在成就动机，培养其自我评价监控与发展的能力[①]。美国心理学家马克·莱珀的过分肯定理论研究结果表明，过分肯定（或奖励）会使内部动机转变为外部动机，即“当个体从事一项自身感兴趣的活动时，外界所给予其的奖励会使活动成为一种达到目的（获奖）的手段，那么个体以后

① 赵德成.有根•有效•有度：未来学科评价需关注三个重点[J].中小学管理，2018(2)：5-8.

从事这种活动的兴趣就会降低。”教学评价最重要的目的是激发评价主体的内在驱动力，促进师生的自主发展。教学评价要达到这样的效果，评价的信度和效度是重要保障，即“评价手段跟学习内容及学习者表现是一致的，评价结果在不同时间和对不同个体是稳定的”。

信度和效度互为前提保证，如果评价是不稳定的，则无效度而言。当然，一种与学习内容不一致的评价自然不可信。例如，针对技能型任务学习的评价，要设计一套供评价者观察学习者在完成任务的过程中展现各步操作技能的客观性标准，这些标准依照任务类型及要求而定，不因人而异，也不因时间、地点而异，倘若用纸笔测验来检验技能型任务学习则是无效评价①。

（五）借鉴经验性活动

人的学习和生活都是有经验性的，作为促进学习者的学习与发展为宗旨的现代教学设计也不例外。从这个意义上来说，教学设计也是经验性活动。但是，这里的“经验”主要强调的是前人和教师自己经过实践、修正和完善的经验。通常，在进行教学设计时，教师会搜集和参考已有文献资料和数据，并结合自身经验进行“融会贯通”，然后在课堂实施，最后进行效果反思和原因追问，并不断给予修正和完善，以使教学设计和课堂教学更加优化。不仅能更好地帮助学生成长，同时也能不断提高教师自身的教学水平。可以说，“数据收集是教学设计过程的基本活动，从一开始的分析阶段到项目的实施阶段，数据搜集贯穿教学设计过程的始终”。

教师的教学设计是动态变化的过程，是不可能把教学之前的“教学不确定性”给“确定”下来。因此，不建议师范生和一线教师撰写那种在课堂教学中怎么说每一句话的“详细教案”。“教师不可能在教学前把尚未发生的教学中所有可能出现的问题全部估计到并囊入自己的事先计划之中，问题随时可能出现在教学的各个环节中，计划仅是一个大概的、初始的框架，要求教师能结合课堂实境不断出现的问题对初始框架进行随时的调整与决策”。

经验性活动这一特征的凸显，意味着现代教学设计提倡互动式设计、参与式设计。正如我在前面所强调那样，教师和学生或者有关他人都是教学设计的参与者，课堂教

① 裴新宁.现代教学设计的概念与特征[J].开放教育研究，2005，11(2)：65-70.

学中的人没有旁观者。每个人的实践经验和理论观点都可能成为别人的参考和支撑所以教师在教学设计和教学过程中要注意数据的收集，教学现象的观察、记录和分析甚至经过梳理和提升后，以文本的形式进行传播，分享自己的“经验”。

（六）讲究团队协作效应

现代教学设计中的“实践共同体”的概念，是指一群追求共同事业，一起从事通过协商的实践活动，分享共同信念和理解的集合。从这个意义上说，在空间上聚集在一起的任一群体并不一定都是实践共同体。它强调要有共同的任务，使用工具、利用资源并通过实践活动完成任务，有共同的历史、知识基础与假设，以及各自担负的责任。在实践共同体中，学习者是具有共享的文化历史背景和真实任务的共同体成员其身份是与共同体实践的意义密切相关，在真实的实践中产出的，是逐步通过共同体中的参与获得身份发展和再生产的[①]。

狭义上，教学设计是教师与教师、教师与学生、教师与专家、教师与教材编写者等的多边协作的团队活动。广义上，教学设计可称为多地区、多学校、多学科交叉的团队协作活动。本书论述的主要是狭义上的界定。裴新宁指出，一支专业的设计团队往往包括学科专家、专业教学设计者、计算机程序员、图形艺术设计师、制作人员、项目管理者等成员，设计人员和学科专家并非在相互隔离的状态下工作，所有的成员都直接为项目的设计与开发做着贡献（学科专家可以帮助设计学习经验；专业设计人员负责管理项目，建立团队，检查内容的准确性，并负责模型整合；教师和学生协助定义或选择他们自己的学习经验），这种弹性的团队导向会使多元观点产生协调和融合，有力地促进教学设计[②]。

总之，现代教学设计是一个分析教学问题、设计解决方案、对解决方案进行试行、评价试行结果、在评价基础上修改方法的过程。仔细设计的教学旨在激励或支持个别学生的学习，而帮助学生的学习必须是有计划的而不是随心所欲的。有计划的教学的目的在于帮助每一个人，即它所帮助的学习应使每一个学生更接近于最适当运用自己的才能、享受生活和适应物质和社会环境的目标，并使之充分发展。

---

① 莱夫，温格. 情景学习：合法的边缘性参与[M]. 王文静，译. 上海：华东师范大学出版社，2004 4-20.

② 裴新宁. 现代教学设计的概念与特征[J]. 开放教育研究，2005，11(2)：65-70.

第三节　教学设计的作用和程序

教学设计是教师开展课堂教学的前提基础，是融合教育理论与教学实践的“桥梁”，是把文件课程转化为课堂实施课程（实践课程）的“纽带”。也就是说，教学设计不仅是教学的一个重要环节，而且是教师专业发展的核心能力之一。

一、教学设计的作用

（一）有利于教师明晰为什么教、教什么和怎样教

教学设计中的设计意图体现了“为什么教”，教学对象和教学内容则反映了“教什么”，而教学方法、教学媒体、教学评价、教学活动等则凸显了“怎么教”。“教什么”“怎样教”和“为什么教”是教育教学的三个根本性问题。“为什么教”是目标问题，决定了教学的方向；“教什么”是内容问题，决定了教学的内容；“怎样教”是方法问题，决定了教学的方法。目标决定内容，内容决定方法。教师只有清楚了“为什么教”，才能更好地知道“教什么”；同时只有知道了“教什么”，才能更好地掌握“怎样教”。

（二）有利于教学的科学化、情境化和校本化

教学设计依据现行课程标准和有关教育教学理论思想，从教学规律和学生认知规律出发，对教学问题的确定、分析，对解决问题方案的设计、试行及评价和修改等都建立在系统方法的科学基础上，从而使教学活动的设计摆脱纯经验主义而迈进科学的轨道，即实现教学的科学化，有利于广大教师在教学中进行实践。教学设计立足具体的教学对象、教学时间、教学场所、教学环境、教学媒体等，创设适宜的教学情境和教学活动环节，有利于达成教学的情境化和校本化。

教学的科学化、情境化和校本化是激活教学设计生命力，使之“活”在课堂教学且“活出自我”的有效途径，是提高教学的针对性、适切性和有效性的有效做法，能

够大面积地提升教学效率和效果，从而提高课堂教学的效益，进而提高教育教学质量使学生得到丰盈而真实的成长。

(三)有利于课堂教学效率和效果的提高

教学设计的主要目的就是通过在综合考虑教学各种因素的基础上对教学过程的优化，从而设计出低耗高效的教学过程。可以说，没有课堂教学设计，就不可能有课堂教学的最优化。在课堂教学设计中，一方面，需要对学习需要、学习内容和学习者进行客观分析。在分析的基础上，可以减少许多不必要的内容和活动，然后清晰地阐明教学目标，科学地制订教学策略，经济地选用教学媒体，合理地拟订教学进度，正确地选择教学速度，准确地测定和分析教学结果，使教学活动在人员、时间、设备使用等方面取得最佳效益。另一方面，课堂教学设计应富有吸引力的教学活动，教学设计中要充分考虑学习者的特点，运用相应的教学策略，采取有效的教学方法和教学形式，以更好地解决学习者的学习方法问题。通过这一系列措施，减轻学生过重的学习负担，使学生乐学、会学、主动地学。在轻松愉快、巧妙安排、精心策划的课堂教学活动中，无疑会增强学习者的学习兴趣，提高学习的积极性，从而提高课堂教学的效率和效果。

(四)有利于教学理论和教学实践的结合

教学设计是根据学习理论、教学理论和传播理论等对课堂教学实践的一种系统设计。皮连生在《教学设计：心理学的理论与技术》一书中写道："为了使教学活动高效、有序，人们一直致力于探讨教学的机制，对教学过程、影响教学的因素及其相互关系进行研究，并形成了一套独立的知识体系——教学理论。但长期以来，教学研究偏重理论上的描述和完善，脱离教学实际，使教学理论成为纸上谈兵，对改进教学工作帮助不大。在这种情况下，被称为'桥梁'的教学设计起到了沟通教学理论与教学实践的作用。"[①]实际上，课堂教学设计不是一种直觉的冲动，而是一种理论与实践相统一的律动。它既有一定的理论色彩，又有明确指向教学实践的意旨。

通过教学设计，教师可以把已有的教学理论和研究成果运用到自己的课堂教学实

---

① 皮连生.教学设计:心理学的理论与技术[M].北京:高等教育出版社,2000:3-4.

践中去，在实践、检验和反思的过程中审视用于指导教学实践的教学理论的科学性和适切性。在原有理论和实践相互碰撞下，教师还可以结合自身的教学经验和思考，发展原有的教学理论，甚至形成新的教学理论，用于指导新的教学实践。由此可见，教学设计不仅是连接教学理论和教学实践的“桥梁”，而且是充实、完善、发展和更新旧的教学理论，形成新的教学理论的重要媒介。

（五）有利于教师的成长和专业发展

教学设计能力是教师教学能力的组成部分，是教师成长和发展的核心能力之一。所谓教学设计能力，是指教师在教学实施之前，根据课程标准和实际条件，对教学目标、教学内容、教学过程、教学方法、教学形式、教学媒体和教学评价等进行综合规划的能力。这种能力既包括对教学现状的综合分析，并根据分析的结果对教学实施进行的科学设计，又包括对教学过程与结果的预见、预判。

了解一名教师的教学能力，可以先看他所设计的教学设计，因为在教学设计里，包含教师的教学思路、教学理念、教学方法、教学主张和教学智慧等信息，同时体现教师对教学内容的优化、对教学资源的整合，对教学步骤的安排，对教学行为的评价，对学习活动的指导等。因此，一名合格的教师首先要具备教学设计的合格“资质”。换言之，教师的成长和专业发展离不开对教学设计的掌握，一个不懂得设计教学的教师不是合格的教师，更不可能成为优秀的教师。教师通过教学设计不但可以迅速掌握教学的基本原理和方法，而且在实践中不断熟练和提高，最终成为胜任教学工作的优秀教师。

二、教学设计的程序

教学设计是研究教学系统、教学过程，制订教学计划和教学方案的系统方法，以学习理论、教学理论和传播理论等为理论基础，应用系统理论的观点和方法，调查分析教学中的问题和需求，确定目标，建立解决问题的步骤，选择相应的教学策略和教学资源去完成目标，并分析、评价其结果，使教学效果达到最优①。不同的教学设计有

① 顾明远.教育大辞典[M].上海：上海教育出版社，1998：1700-1702.

着不同的操作程序，但是教学设计过程有其一般程序，如图3-2所示[①]。在教学设计的一般程序中，包括学习需要分析（如学习内容分析、学习者分析）、学习目标的阐明、教学策略的制定、教学媒体的选择和应用、教学设计成果的评价等基本环节，这些环节相辅相成，共同构成教学设计的完整体系。

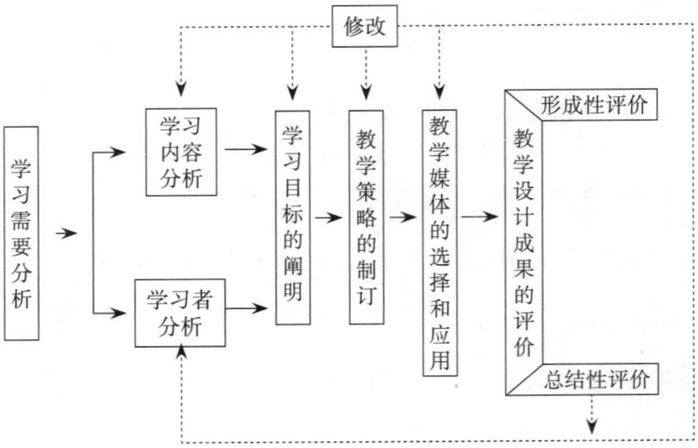

图3-2 教学设计过程的一般程序

（一）学习需要分析

教学是为了满足学习需求的有计划的活动，根据计划对教学进行策划就是教学设计。通常教学设计时，首先需要做的就是学习需要分析，即学习需要分析是教学设计的前端分析。学习需要分析精准而到位，是优秀教学设计的前提条件。因此，教师要重视并认真落实学习需求分析。

什么是学习需要？心理学认为，需要是人对一定客观事物需求的表现，是人脑对生理和社会需求的反映，是一种来自主体本身的心理动力，是一切积极性（如性格优化、能力强化、心态健化、行为良化）的内在力量源泉。人对某方面事物的需要越强烈，他的积极性就越高，因此如果学生对于学习需要的意识越强烈，那么他的学习积极性也就越高[②]。所谓“学习需要”，是指在某一特定情境下，学生学习方面目前的状态和所期望达到的状态或应该达到的状态之间的差距。这说明，教学设计首先需要分析这个差距，明确教学设计所要解决的真正问题，同时也为优化教学

① 乌美娜.教学设计[M].北京：高等教育出版社，1994：27-29.

② 杨光.从教学设计角度谈学习需要的分析[J].新课程，2010(6)：107-108.

提供重要的坐标。

怎样进行学习需要分析？在分析学习需要时，教师应从学生和学习内容两个方面入手。学生分析主要是学情分析，侧重分析他们已有的知识和生活经验、所具备的能力和认知特征，以及情感、兴趣等现状。学习内容分析根据分析内容范围可分为单元内容分析、章节内容和课时内容分析等，主要是根据课程内容和学习者的学习需要进行调整和筛选，从而把握好教学内容的广度和深度，进而明晰教学的重点和难点。

（二）学习目标的阐明

教学是有目的、有计划的师生活动。这就决定了无论是单元教学还是章节教学，都是有目标的。美国教育心理学家布鲁姆说："目标是预期的教学结果，有效的教学始于准确地知道希望达到的目标是什么。"有了学习目标，学生就可以清楚自己要"前往何处"，而教师也清晰自己要把学生"带到何方"。因此，在对教学进行设计时，教师要对学生的学习目标进行科学而合理的预设，对学习目标进行阐明。

教师如何阐明学习目标？在阐明学习目标时，教师既要描述如何根据"学生已有的知识经验水平怎样"和"需要学习的内容是什么"来预设学生要抵达的知识、能力、情感、态度和价值观等方面的学习目标，又要陈述为何预设这样的学习目标，并讲述学习目标设置的科学性、条理性和观测性。好的学习目标，既不能过高，也不能过低，而应是"跳一跳"，就能"摘得果子"。

（三）教学策略的制订

叶圣陶先生说："教学有法，教无定法，贵在得法。"意思是说，在教学上，不同学科的教学都有其教学规律和教学原理可依循，但是对具体的教学活动而言，没有固定的、"放之四海而皆准"的方法，关键在于教师要掌握针对不同教学对象、教学内容、教学目标和教学情境的适合策略。

什么是教学策略？教学策略是对完成特定的教学目标而采用的教学活动的程序、方法、形式等要素的总体考虑，具有指示性和灵活性，而不具有规定性①。作为教学设

① 王永胜.生物新课程教学设计与案例[M].北京：高等教育出版社，2003：59-60.

计的有机组成部分，教学策略体现教师的专业能力和教学智慧，是实现教学组织和目标达成的重要保障。

好的教学策略，就是选择适合的教学程序、教学方法、教学形式、教学媒介和教学评价等，从而更有效地提高教学效果和达成教学目标。即好的教学策略，既能做到教学理论具体化，又能做到具体教学活动方式概括化。就教学方法而言，好的教学策略应根据实际的学情进行灵活地选择和切换。例如，有时要用讲授法，有时则需用任务驱动法；有时要用直观演示法，有时则需用实验探究法；有时要用自主学习法，有时则需用小组讨论法；有时要用任务驱动法，有时则需用问题导学法。因此，在制定教学策略时，教师要综合考虑教学的方方面面，选择科学合理的教学策略。

（四）教学媒体的选择和应用

教学的过程离不开学习内容和相关信息的呈现，媒体、方式和形式等的不同，其效果肯定不同。这就意味着，教学媒体的选择和应用会影响教学效果和教学质量。因此，在设计教学时，教师要选择恰当的教学媒体进行辅助教学。

教学媒体的灵活恰当应用能让教学起到事半功倍的效果，不仅能加深学生对学习内容的理解，而且能激发学生学习的兴趣和探究的欲望。就以中学生物学教学为例录像视频就可以让学生穿越时空看见生命现象的动态，多媒体动画可以帮助学生形象地认识细胞分裂的整个过程及物质变化。如果没有教学媒体的辅助，教师要讲透彻光合作用或呼吸作用等过程，肯定是非常困难的。

在设计教学过程中，教师选择教学媒体，主要考虑三个“依据”：一是依据教师所在学校配套的教学平台等；二是依据教学内容的具体情况和任教学生的认知特点；三是依据教师本人所熟悉操作和应用的教学媒体。实践表明，教师不熟练的教学媒体在教学过程不仅没有发挥出应有的促进效果，甚至还会起反作用。因此，不管选择和应用什么样的教学媒体，都应以促进教学质量和学生学习为目的。

（五）教学设计成果的评价

教学设计成果就是完整的教学方案，这个设计方案是不是科学合理？是不是体现了新课程的基本理念？符不符合课程标准对教学活动要求？所制订的教学目标以及所采用的教学活动组织是否得当？[①]这需要进行相应的评价。

在评价过程，教师如何评价教学设计成果。教学设计是教师在课前对课堂教学所进行的整体规划、设计和安排。教学设计完成后或教学设计成果推广使用之前，可以在一定范围进行前期的试验，以检验教学设计的使用效果、可行性及存在的问题。即教师要根据学生的学习过程及效果，开展教学效果（包括过程和结果）的评价。当然，教师还需要根据反馈的信息和情况，对教学设计相应环节进行修改、完善，直至达到最优化的教学过程为止。因此，教师评价教学设计成果时，可采用形成性评价和总结性评价，或者两者相结合的评价方式，或者其他方式都可以。

总而言之，教学设计是根据未来成长需要而界定当前学习需要，明确“我需要到那里”的目标；然后，针对“现在我在哪里”的实际情况，结合现有的条件和资源，解决“我如何到那里”的问题；最后，检验和评价是否“到达那里”及效果。也就是说，教学设计始于“学习需要”的出发点，终于满足“成长需要”的归宿点。

① 王永胜.生物新课程教学设计与案例[M].北京：高等教育出版社，2003.59-60.

第四章

教学设计案例评析

【导读】 装修房子需要参考已做好的设计案例，有利于确定自己房子的装修风格和实施思路。设计教学和装修房子一样，如果有具体的设计案例供参考，那么就可帮助教师确定和完善教学设计的想法、思考、思路。

第一节　初中生物学教学设计案例与评析

虽然不同教师的教学设计各有其特点和思路，但是彼此之间可以相互参考，相互借鉴。

一、“发酵技术”教学设计①

（一）教材分析

本节为北京师范大学出版社的《义务教育教科书 生物学 八年级 下册》第25章第1节。关于生活中的发酵技术，教材安排了多个与学生的生活密切相关的实践活动，如制酸奶、酿米酒，做调味酱、制作沼气发酵装置等，以供学生选择实践。由于传统的生物技术的发展经历了两个阶段：第一阶段是以酿酒、食品加工、农业、牧渔业为主的作坊式的生物技术；第二阶段是以抗生素发酵工程为主要技术的工业化的生物技术。因此，在本节还介绍了工业化的发酵产品。

（二）学情分析

学生在八年级上册学习微生物时，已经对酵母菌的发酵及泡菜的制作有所认识，但是对于其他的发酵食品及发酵的原理还认识不足，因而需要通过本课时的学习进一步加深对发酵技术的理解，从而更好地体会到科学、技术与社会之间的关系。

（三）设计思路

本节课以学生的自主探究为核心，通过学生课前的调查活动及自制酸奶的实践活动激发学生求知的欲望，更好地理解技术与社会的关系。此外，通过学生课堂的讨论及交流实践活动，更好地巩固和突破教学的重难点。最后的品尝酸奶活动，可以进一步激发学生学以致用的兴趣。

① 案例来源：湛江市第九中学 张建兰

（四）教学目标

1. 知识目标

举例说明发酵技术在生活中的应用；结合酸奶及米酒等的制作过程，了解微生物发酵技术的一般原理；观察沼气发酵的装置，说出沼气发酵的原理及沼气发酵的应用。

2. 能力目标

参与“发酵技术产品在生活中的应用”调查活动，提高自主探究和学以致用能力；尝试参与制作酸奶，提高动手能力和实践能力；通过小组成员之间的交流与探讨，提高合作探究和口头表达的能力。

3. 情感、态度与价值观目标

通过实践活动，体验知识与技术在生产和生活中的作用；通过小组成员的合作交流，培养团结协作的精神；通过发酵技术产品在生活中的应用，体会生物学知识的应用价值。

（五）教学重点及难点

1. 教学重点

酸奶及米酒等的制作过程，了解微生物发酵技术的一般原理。

2. 教学难点

品尝一杯自制的酸奶等实践活动；对工业化的发酵技术的认识。

（六）教学方法及课时

讲授、演示及讨论法（1课时）。

（七）课前准备

教学教师：自制的PTT课件；课前指导部分学生自制酸奶。

教学学生：分组进行“发酵技术产品在生活中的应用”的调查。

（八）教学过程设计

教学环节		教师活动	学生活动	设计意图
新课导入	1.生物技术	1.展示各种生物技术的图片	1.观看图片，思考什么是生物技术	通过丰富多彩的生物技术图，激发学生求知的欲望 呈现发酵现象的装置，更好地引入发酵技术的学习
	2.发酵现象	2.呈现发酵现象的装置图	2.观察发酵现象的装置，感知发酵现象	
新课学习	一、发酵技术的原理	1.让学生分组展示“发酵技术产品在生活中的应用”的调查成果 2.播放美味可口的泡菜视频，让学生回忆制作泡菜的原料、所需的微生物及条件 3.结合学生的调查及以前所学的泡菜制作，引导学生生成发酵技术的概念	1.分组展示“发酵技术产品在生活中的应用”的调查成果 2.观看、倾听 3.尝试描述发酵技术的含义	关注生活实际，注重承前启后，让学生感知发酵技术就在身边，引发学生探究发酵技术原理的欲望
	二、身边的发酵技术： （一）酸奶的制作	1.展示可口的酸奶，提问：“很多同学都喜欢喝酸奶，那你们喝的优酸乳是真正的酸奶吗”？ 2.布置学生阅读课本相关内容，梳理制作酸奶的步骤 3.展示课前部分学生参与制作酸奶的图片，让课前参与的学生描述制作酸奶的过程 4.归纳小结酸奶的制作，并讨论以下问题： （1）为什么要对容器进行消毒，并将牛奶煮开？ （2）煮开的牛奶为什么要冷却到35℃～38℃，才加入酸奶 （3）为什么保温盒要盖严？ （4）为什么酸奶的口味和牛奶不同？ 5.结合部分学生课前制作酸奶失败的案例，强调注意的事项	1.观看，思考 2.阅读，归纳 3.观看，描述 4.讨论、回答、归纳 （1）制作酸奶的微生物：乳酸菌，要注意防止杂菌污染 （2）乳酸菌发酵需要的条件：适宜的温度、无氧 （3）乳酸菌发酵的原理：在温度适宜、没有氧气的条件下可以使牛奶中的营养物质产生乳酸 5.交流、倾听	通过贴近生活的提问，引发学生对制作酸奶的原料及微生物的思考 通过阅读课本，学生对于酸奶的作用过程有了初步的认识；而展示课前部分学生制作酸奶的图片及学生亲自经历的描述则巩固了教学的重点；通过归纳小结酸奶的制作及问题的讨论，学生由感性到理性，对制作酸奶的过程有了更深入的理解；对于经历过的失败，学生的印象会特别深刻，可以更好地突破难点

续 表

<table>
<tr><th colspan="2">教学环节</th><th>教师活动</th><th>学生活动</th><th>设计意图</th></tr>
<tr><td rowspan="3">新课学习</td><td>(二)米酒的制作</td><td>1.让学生阅读课本上制作米酒的步骤,思考与酸奶制作的异同点
2.展示生活中制作米酒的各种图片,尝试让学生排出正确的次序
3.归纳小结米酒的制作过程,并讨论以下问题:
(1)为什么要让米饭冷却到40℃以下再加入酒药?
(2)酒药对酿制米酒起什么作用?为什么要与米饭混合均匀?
(3)米饭表面的绒毛是什么?如果酿制的时间拖长,味道会发生变化吗?
(4)为什么在米饭中央拍出一个几乎见底的圆坑?</td><td>1.阅读、思考
2.观看、讨论并尝试排序
3.讨论、回答、归纳
(1)米酒制作的原料:米饭
(2)米酒制作的微生物:曲霉、毛霉、酵母菌等多种微生物(药酒中含有)
(3)米酒制作注意:维持适宜的温度,同时也能提供一定的氧气供曲霉生长
(4)米酒制作的原理:糖化过程—霉菌将淀粉转化成葡萄糖;酒化过程—酵母菌在无氧条件下将葡萄糖转化成乙醇</td><td>通过阅读相关步骤,学生对米酒的制作有初步的了解;结合生活实例并尝试进行排序,学生的兴致比较高,有利于巩固对于学习米酒制作步骤的理解;通过归纳小结及问题的讨论进一步深化教学的重点</td></tr>
<tr><td>(三)选做一种调味的发酵酱</td><td>1.阅读课本相关内容
2.填写以下表格:
<table><tr><th>名称</th><th>原料</th><th>发酵微生物</th></tr><tr><td>面酱</td><td></td><td></td></tr><tr><td>黄酱</td><td></td><td></td></tr><tr><td>豆豉</td><td></td><td></td></tr></table></td><td>1.阅读思考
2.填写表格</td><td>由于学生对有关发酵的原理及步骤已经有所认识,这部分着重比较原料和发酵微生物的不同</td></tr>
<tr><td>三、沼气发酵技术</td><td>结合农村沼气的使用导入沼气发酵技术的学习
展示沼气发酵装置图,并让学生讨论以下问题:
1.在沼气的发酵过程中,池底污泥的作用是什么?植物秸秆和猪粪的作用又是什么?
2.实验装置中发生怎样的实验现象时,表明沼气发酵过程开始?</td><td>倾听、观看
观看、讨论,归纳
1.沼气发酵的主要微生物:产甲烷细菌,可由池底污泥提供
2.沼气发酵所需要的有机物:可由植物秸秆等提供</td><td>通过展示沼气发酵装置图及问题串的讨论和学生的归纳总结,较好地化抽象为形象,也培养了学生的逻辑思维能力,使学生更好地了解沼气发酵的原理及沼气发酵的作用</td></tr>
</table>

续 表

教学环节		教师活动	学生活动	设计意图
新课学习	三、沼气发酵技术	3.发酵一段时间后，应从哪个部位采用哪种措施检验是否有沼气的产生？	3.微生物生长所需要的养料：可由猪粪等提供 4.检测沼气的产生：沼气燃烧时会发出蓝色火焰	
小结巩固	小结巩固，布置作业	利用板书进行小结 利用题目进行巩固训练 布置课后作业：课后与家人一起制作并分享一种发酵食品	倾听、思考、记录	理清线索，深刻理解内容，并通过与家人共同的实践活动，增进亲子之间的关系

（九）板书设计

第25章 第1节 发酵技术

一、发酵技术

人们利用微生物的发酵作用，运用一些技术手段控制发酵过程，大规模生产发酵产品的技术。

二、身边的发酵技术

1. 酸奶的制作：容器消毒→牛奶加糖煮开→冷却（35℃～38℃）→加酸奶→摇均加盖→20℃～30℃培养（1～2d）。

2. 米酒的制作：容器消毒→米浸泡12 h→蒸煮30分钟→冷却，摊开→倒入砂锅，与酒药充分混合→盖上砂锅盖，30℃左右培养一天半。

3. 调味的发酵酱。

三、沼气的发酵

（十）教学反思

本节课与学生的生活息息相关，学生普遍比较感兴趣。在教学中通过学生课前的调查活动及部分学生自制酸奶的实践活动，培养学生自主探究的能力，激发学生求知的欲望。此外，通过学生课堂的讨论、归纳等思维活动及交流实践活动，较好地突破了教学的重难点。最后的品尝酸奶活动，更是大大激发了学生学以致用的兴趣。由于本节课内容比较多，如果能够适当精简一些内容，时间安排上着重教学的重难点，效果会更好。

【案例评析】

透过“发酵技术”这节课的教学设计，我们既看见了课，又看见了人，还看见了生活。首先，在“人”的维度上，可以看出教学设计者的专业扎实，对教学内容、教学重点及难点、教学方法及策略、教学组织及评价等都是熟练的，而且熟悉任教学生的实际情况，能做到以生为本，心中有人。在“课”和“生活”的维度上，老师立足学生的生活，指向未来更好的生活，同时认识到教学活动本质上就是一种师生共同经历的生活。

教育家陶行知先生说：“没有生活做中心的教育是死教育。没有生活做中心的学校是死学校。没有生活做中心的书本是死书本。”生活既是教学问题的来源，也是蕴涵丰富教学资源的宝藏；生活既是教学的出发点，也是教学的落脚点。教学在思路上既要立足过去和正在经历的生活，又要指向未来的生活；在策略上，教师要依托当地的生活方式、习惯进行教学，使学生能够关注自身生活，在生活中做到学以致用，并通过课堂学习改善生活和提高生活质量。所以，好的教学设计要体现生活性。

“发酵技术”这节教学设计最大的亮点就是“生活性”。这样的设计贴近学生的生活实际，能激发他们学习的兴趣和探究的欲望，特别是让他们意识到学习即生活、生活即成长的蕴意。这是教学设计最具魅力和生命力之处。

二、“种子的结构与种子的萌发”教学设计①

（一）教材分析

本节课学习的主要内容是单子叶植物种子和双子叶植物种子的结构和各部分的功能，其中种皮、种脐和胚乳了解即可，重点是掌握胚的结构和功能。在种子萌发的过程中，胚乳的功能是为种子萌发提供营养物质，胚乳的使命完成后就会脱落；种皮的

① 案例来源：湛江市第二中学 张翠

功能主要是保护种子的内部结构，种皮的使命完成后就会逐渐消失。而胚是新植物体的幼体，将来要发育成新的植物体，是种子中的主要部分。

在观察种子结构时，要让学生对胚从形态到结构都有一个完整的认识。大豆种子和玉米种子在课前一定要用清水浸泡，吸足水分。大豆种子的胚在两片子叶之间，胚轴部分与两片子叶相连，用手轻轻将两片子叶分开，然后让学生使用放大镜仔细观察胚根、胚轴和胚芽。玉米种子的胚和胚乳紧紧贴在一起，不易观察，可以先用解剖工沿正中线纵向切开，用放大镜仔细观察玉米种子的纵切面，找到胚和胚乳的界限，让学生用放大镜仔细观察子叶、胚芽、胚轴和胚根。然后向切面上滴加一滴碘液，仔细观察玉米种子纵切面的颜色变化。

（二）学情分析

从年龄来看，七年级的学生正处于青春期的初期，好奇心重，喜欢“探险”，对身边的一些生物如种子有了浅显的认识，但是并不了解种子的具体结构和功能。所以，可以用提问的方式导入新课，设置两个观察活动，通过学生的亲自参与主动获取知识。同时这个年龄段的学生大脑还未完全发育完善，抽象思维正在形成中，对图片、实物和视频等具体形象的直观教学方法更容易接受。

（三）教学思路

从“生活史”现象的呈现来创设情境引入新课。教师先用PPT展示植物体的“种子→幼苗→成熟植物体→开花→结果→种子”的变化过程，引导学生理解植物一生中要经过“从种子到种子”的生活历程，帮助学生总结出“绿色开花植物的生活史”这一个基本概念。

引出本节课的学习目标，让学生齐声朗读学习目标。提问学生“种子是什么形状的”“种子为什么能发育成幼苗”等问题，接着展示各种各样的种子，激发学生的好奇心和学习兴趣。接下来，教师拿出事先准备好的种子分给各个小组的学生，提出观察的目标和要求，指导学生解剖和观察大豆种子和玉米种子。学生一边观察教师一边进行指导。观察结束后让每个小组将两种种子的结构画在卡纸上，请两组同学进行展示并讲解种子各种结构的功能。

关于种子萌发成幼苗的变化，教师事先要布置每个小组课前一周左右进行黄豆种子萌发的实验，布置学生做好实验记录。教师播放种子萌发成幼苗的视频，然后在PPT中展示教师课前拍下来的两个小组的观察记录，提问学生种子萌发成幼苗时种子的各个结构分别有什么变化，种子萌发时哪种结构最先萌发。最后，让学生进行小结，包括单子叶植物种子和双子叶植物种子的结构，对两种种子的结构进行比较，找出相同点和不同点，并总结种子萌发时各种结构分别形成幼苗的哪种结构。

（四）教学目标

1. 知识目标

描述绿色开花植物的生活史；描述大豆种子和玉米种子的结构；指出双子叶植物种子和单子叶植物种子结构的主要区别；能用适当的方法解剖、观察和记录所见种子的形态结构特征；描述种子萌发时形态变化的过程，能用适当的方法将种子培养为幼苗。

2. 能力目标

解剖观察种子的内部结构和培养黄豆种子，学会简单的观察方法，提高观察能力和实验操作能力；比较单子叶植物种子和双子叶植物种子结构特点，提高分析和从特殊到一般的归纳能力。

3. 情感、态度与价值观目标

建立生物的结构与功能相适应的生物学基本观点，认同并发扬团队合作精神。

（五）教学重点及难点

1. 教学重点

认识种子的结构和各部分的功能；描述种子萌发时形态变化的过程。

2. 教学难点

胚的结构；玉米种子种皮和果皮的观察；玉米种子胚的观察。

（六）教学过程设计

内容	教师活动	学生活动	设计意图
创设情境引入新课	教师朗诵唐朝诗人李绅的诗——《悯农》其中一句："春种一粒粟，秋收万颗子"，提问学生：为什么春天种了一粒粟而秋天会收获万颗子？	思考并回答	激发学生学习兴趣，引出"绿色开花植物的生活史"这一基本概念
导出学习目标	在PPT上展示绿色开花植物的生活史的过程。引导学生说出"绿色开花植物的生活史"的概念 PPT展示本节课的学习目标，教师引导学生齐声朗读本节课的学习目标	观看图片并回答 齐声朗读本节课的学习目标	帮助学生理解"绿色开花植物的生活史"这一基本概念 引导学生明确本节课的学习目标
种子的结构与功能	活动一：观察大豆种子的结构 PPT展示观察大豆种子结构的方法步骤，教师指导学生观察。教师要将每个小组都巡视到，在此过程中用手机将学生操作有误的地方拍摄下来，并即时通过网络社交平台上传到电脑中。当观察结束时，教师先给全体学生展示刚才拍摄的视频短片，请学生观看并提问视频中的学生什么地方操作有误（如果学生的操作无误则不需拍摄） 教师请一个小组的同学（小组自己选两个代表）到讲台前展示自己小组的观察成果（写了大豆种子结构的卡纸），并请他们讲解大豆种子的结构及其功能。讲完之后请其他小组进行质疑。最后大家认为没有问题了，请学生将卡纸贴在黑板的最右边，然后请学生回自己的小组 教师提问全体学生： 1.大豆种子中子叶与哪种结构连接在一起？ 2.大豆种子的胚包括哪些结构？ 3.大豆种子有几片子叶？ 活动二：观察玉米种子的结构 PPT展示观察玉米种子结构的方法步骤，教师指导学生观察。教师要将每个小组都巡视到，在此过程中用手机将学生操作有误的地方拍摄下来，并即时上传到电脑中。当观察结束时，教师先给全体学生展示刚才拍摄的视频短片，请学生观看并提问视频中的学生什么地方操作有误（如果学生的操作无误则不需拍摄）	分组观察大豆种子，并用油性笔在卡纸上写出大豆种子的结构 观看视频短片并回答问题 两位同学展示观察结果，其他学生认真听台上的学生讲解并与自己小组的成果进行比较，对同学的讲解进行质疑和补充完善 思考并回答 分组观察玉米种子，并用油性笔在卡纸上写出玉米种子的结构。 观看视频短片并回答问题。	目的是进行观察，教给学生一种观察与学习的方法 通过小组合作观察，培养学生团结合作、观察、分析和总结的能力 展示学生观察的结果，培养学生归纳总结的能力和表达能力 对活动一进行总结，加深学生对大豆种子结构和功能的认识 目的是进行观察，教给学生一种观察与学习的方法

续　表

<table>
<tr><th>内容</th><th>教师活动</th><th>学生活动</th><th>设计意图</th></tr>
<tr><td>种子的结构与功能</td><td>教师请一个小组的同学（小组自己选两个代表）到讲台前展示自己小组的观察成果（写了玉米种子结构的卡纸），并请他们讲解玉米种子的结构及其功能。讲完之后请其他小组进行质疑。最后大家认为没有问题了，请学生将卡纸贴在第一张卡纸的旁边，然后请学生回自己的小组
教师提问学生：
1. 我们平时所说的玉米种子其实是玉米的什么器官？
2. 玉米种子的胚包括哪些结构？
3. 玉米种子有几片子叶？
4. 在玉米种子纵剖面上滴加一滴碘液，哪些结构变色？变成什么颜色？
5. 大豆种子与玉米种子的主要区别是什么？（PPT展示问题，第5个问题以表格的形式）教师引导学生通过比较两种种子结构的区别进行小结
对活动二进行总结，加深学生对玉米种子结构和功能的认识</td><td>两位同学展示观察结果，其他学生认真听台上的学生讲解并与自己小组的成果进行比较，对同学的讲解进行质疑和补充完善

思考并回答</td><td>通过小组合作观察，培养学生团结合作、观察、分析和总结的能力

展示学生观察的结果，提高学生归纳总结的能力和表达能力
对活动二进行总结，加深学生对玉米种子结构和功能的认识</td></tr>
<tr><td>种子萌发时的形态结构变化</td><td>教师继续提问题：种子中最重要的结构是什么？为什么？然后播放种子萌发的视频

教师给小组限定时间进行讨论。

学生回答完问题后，教师继续提问：
种子萌发过程中最先发育的是什么结构？一边提问，一边在PPT上展示出课前拍下来的两个小组的观察记录，然后请其中一个小组来概述自己小组的观察情况，并回答老师的问题。
第1小组观察结果：
<table><tr><th>天数</th><th>现象</th></tr><tr><td>第1天</td><td>种子膨胀变大</td></tr><tr><td>第2天</td><td>露出根尖</td></tr><tr><td>第3天</td><td>根长1.9cm左右</td></tr><tr><td>第4天</td><td>根扎进棉花，胚轴生长，露出胚芽</td></tr><tr><td>第5天</td><td>出现幼叶</td></tr><tr><td>第6天</td><td>幼苗长高，叶变大变绿，子叶萎缩</td></tr><tr><td>第7天</td><td>幼苗高4.9cm左右，子叶开始脱落</td></tr></table></td><td>思考问题，并观看视频

讨论问题，并回答问题：因为在种子萌发时种皮、胚乳或者子叶逐渐萎缩并消失。胚根发育成幼苗的根，胚轴发育成幼苗根与茎之间的连接部分，胚芽发育成幼苗的茎和叶。可见胚发育成新的植物体，所以胚是种子中最重要的部分</td><td>采用表格直观形象地帮助学生理解大豆种子和玉米种子的区别。进一步理解双子叶植物种子和单子叶植物种子结构的区别

引发学生的好奇心，激发学生观看视频、讨论问题的兴趣
培养学生团结合作的能力，提高学生自主学习能力</td></tr>
</table>

续 表

<table>
<tr><th>内容</th><th>教师活动</th><th>学生活动</th><th>设计意图</th></tr>
<tr><td>种子萌发时的形态结构变化</td><td>第2个小组观察结果：
<table>
<tr><td>天数</td><td></td></tr>
<tr><td>第1天</td><td>种子膨胀变大</td></tr>
<tr><td>第2天</td><td>露出根尖</td></tr>
<tr><td>第3天</td><td>根长1.8cm左右</td></tr>
<tr><td>第4天</td><td>胚轴生长，露出胚芽</td></tr>
<tr><td>第5天</td><td>出现幼叶</td></tr>
<tr><td>第6天</td><td>幼苗长高，叶变大变绿，子叶萎缩</td></tr>
<tr><td>第7天</td><td>幼苗高4.7cm左右，子叶脱落</td></tr>
</table></td><td>两个小组的学生展示自己小组的观察情况，然后回答问题</td><td>帮助学生明确种子萌发过程中胚根最先发育</td></tr>
<tr><td>本节课的知识总结</td><td>师生共同总结：
1.单子叶植物种子和双子叶植物种子的结构有哪些？
2.两种种子结构的主要区别是什么？
3.种子萌发时各部分结构分别有什么变化？</td><td>思考、归纳、总结问题的答案并回答</td><td>对本节课所学的主要知识进行总结，加深学生对知识的理解</td></tr>
<tr><td>课堂检测巩固练习</td><td>引导学生说说本节课的收获，让学生拿出上课之前刚刚发的课堂检测题，进行检测，反馈所学知识</td><td>完成检测题，巩固所学知识</td><td>对本节课所学的知识进行检测和巩固，提高学生对知识点应用能力</td></tr>
</table>

（七）教学评价

从教学方法来看，本节课根据学生和学校的实际情况，采用了直观形象的图片、视频、实物等教学手段，激发学生的学习兴趣；采用观察活动和小组互助合作的方式让学生主动参与到学习中，做到以学生为主体，提高学生的自主学习能力和探究能力。

从学生学习效果来看，对学生学习效果的评价不再单纯只是成绩，还包括过程性评价，如学生参与小组活动的积极性，学生动手操作的能力等，都是对学生学习效果的评价。在整个教学过程中，根据不同的教学内容和学生回答问题的实际情况进行不同的评价，主要是采用激励评价。例如，在观察种子结构的活动中，教师会直接指出学生操作正确的地方，也会委婉地提示学生操作有误的地方。在做课堂检测的时候，学生回答对了教师会进行表扬，回答错了教师会进行鼓励。

（八）教学反思

在观察种子结构时，玉米种子的果皮和种皮紧紧连在一起，在上课的时候是用的生玉米，结果学生不容易观察到果皮和种皮，而且生玉米也不易观察胚的结构。课后查阅了大量资料，发现北京市回民学校盛桂霞老师写的论文中提到用煮熟的玉米进行观察效果更好，所以以后教学都是采用煮熟的玉米进行观察，的确效果更好。

【案例评析】

从结构上来看，这个教学设计非常完整，不仅有教材分析、学情分析、教学目标、教学重点和难点，而且有教学思路、教学评价、教学反思，教学过程师生活动有设计意图。由此可见，老师对教学设计的内涵和要求是熟悉的。从内容来看，这个教学设计不仅紧扣义务教育生物学课程标准，而且紧扣学校和学生的具体实情，通过问题启思，借助图文和视频等教学资源，构建了充满思考、探究、观察、比较、归纳和领悟的开放性课堂教学，直观生动地设计了“种子的结构与种子的萌发”的整个教学过程及目的。老师的教学设计不仅清楚地讲述了“教什么”和“怎么教”，也阐述了“为什么教”，同时也关注“教得怎么样”。

纵观整个教学设计，可以发现这个教学设计凸显了“以学为中心”的教学思想。这种思想体现了以人为本、基于学习与自主构建知识的现代教学设计理念，是教学设计的关键所在，也是现代教学设计最本质、最显著的特征。那么，什么是“以学为中心”的教学设计？“以学为中心”的教学设计，其内涵有三：一是强调把学生作为教学设计活动的聚焦点，所有设计活动均围绕有利于学生学习与发展的教学实践而展开，而不是依照设计的流程而展开；二是关注学习研究的新成果或结合学生的新生活并以教育发展的系统科学观为基本依据；三是强调要以学科内容知识为依托，通过设计各种促进学习的过程和资源，帮助学生有效地解决问题，引导他们树立创新意识，实现整体和谐发展。

三、"预防传染病"教学设计①

(一)设计思想

生物学是研究生命的科学，它是通过科学的方法，从客观世界中找出规律性知识。生物课程标准对本节课的要求是说明传染病的病因、传播途径和预防措施，并列举常见的寄生虫病、细菌性传染病、病毒性传染病。因为传染病与学生的日常生活紧密相关，学生对传染病的知识有所了解，但对传染病是怎样流行的却不甚了解要注意多从生活实际出发，加强感性认识，符合新课标所强调的"在活动设计中帮助学生建构、加深理解和应用生物学概念"的要求。

同时，通过多媒体与传统教学的结合，调动学生学习积极性、主动性和创造性使学生以多种方式、多种途径主动地参与学习，增强学生的学习兴趣，并将问题难度层层递进，达到提高学生科学素质的目标。

(二)教材分析

本节课学习的是《生物学 七年级 下册》(北京师范大学出版社)第13章健康地生活的第2节，主要内容是传染病及其预防的基础知识，其中概念、名词较多。教学中要让学生结合生活中的具体事例来理解名词和概念。同时，本节也是后续章节如免疫等的必要学习基础。教材中主要从传染病的特征、传染病的预防两大部分展开，并配有"调查本地常见传染病"的活动。教材中提及的病原体大多是肉眼不可见的，需要教师提供清晰的感性素材。本课教学内容对学生健康生活有积极的指导价值。

本节教材具有以下的特点：一是提供给学生具体的事例和生活中的材料，在建立感性认识的基础上，引导学生认真思考和分析，主动建构概念；二是针对学生的认知心理和规律，用丰富的图片代替文字说明，如用图片生动形象地说明传染病的预防措施，有助于学生形成科学的概念；三是活动设计时尽量与学生的生活实际相联系，并让学生参与其中，如章引言里的表格，调查当地常见的几种传染病等；四是注重情感教育，如日常生活中与各种传染病病人怎样相处等问题。

---

① 案例来源：湛江一中培才学校 赵君；该教学设计的授课获得2013年"部级"优课奖。

（三）教学目标

1. 知识目标

病原体、传染病的概念；传染病的特性及其流行的三个基本环节，预防传染病的一般措施；认识一些常见的传染病。

2. 能力目标

通过课前完成常见传染病的调查并制成手抄报，形成实事求是的科学探究精神；以表演情景短剧的方式，展现学生多方面才能，锻炼语言表达能力及与人沟通合作的能力，通过分析生活中常见的传染病例，提高学习兴趣，以及分析问题和解决问题的能力；通过观察图片等资源，锻炼观察能力，短时间内获取有效信息的能力。

3. 情感，态度与价值观目标

在了解一般传染病传播的途径及其预防的基本知识的基础上，强化讲究卫生和良好的生活习惯；认识了解当今常见的传染病（H5N1 和 H7N9 禽流感、非典、艾滋病等），明白人类与传染病的斗争丝毫不得懈怠，正确对待传染病病人、关心和帮助他们的生活、关怀他们的思想感情。

（四）教学重点及难点

1. 教学重点

病原体的概念及种类；传染病流行的三个基本环节；传染病预防措施的三个方面；唤起学生“预防传染病，从身边小事做起”的意识。

2. 教学难点

病原体的概念及种类；传染病流行的三个基本环节。

（五）学情分析及学法指导

1. 学情分析

学生的认知起点：本课学习之前，学生对“传染病”这个词是不陌生的，并具有一定的知识基础和生活体验。但多数停留在传染病名词的抽象认识上，不能正确地判断常见疾病是否传染病，对传染病如何发生、如何预防等重要概念，尚未有系统学习。对自身生活中容易感染传染病的不良习惯，大都没有正确的认识。所以，有待通过本节的教学来建立生物学概念之间的关联。一般来说，七年级第二学期是初中分化情形开始突显的时期，学生没有七年级第一学期的兴奋，参与课堂的积极性降低了许多。所以教师需要更多地针对这个特点，尽可能多地调动学生参与学习的积极性，以提高课堂的有效性。

2. 学法指导

完成导学案中的自主学习，引导学生根据科学研究的线索，学会运用理论知识在实验设计中。采用多媒体教学手段和动画演示形式激发学生学习兴趣，积极引导学生去讨论，鼓励学生敢于讲出自己的观点。在学生讲的过程中教师要仔细聆听，及时发现问题，引导学生自己去纠正，并从学生的观点中发现闪光点，不失时机地表扬鼓励学生，创造一个愉悦的氛围。通过设计不同难度层次的问题和练习，引导学生学会从不同角度、不同层次、不同渠道思考，让不同层次的学生都有所收获。小组长以身作则，督促组员认真阅读课本并完成导学案，充分发挥自己的领导及榜样作用。

（六）教学方法和手段

本课主要实施“互动—探究”教学法。该教学法是促进师生双向交流，培养学生创造能力的有效教学形式。在全班集体讨论时，可能有一部分同学没有发言的机会，这就需要通过分组讨论来弥补。分组讨论时，教师应针对不同学生的实际情况，采用同一层次的与不同层次的分组方式交叉进行，充分挖掘学生的潜能，以防止出现讨论不起来或某些学生没有发言等局面，尽可能动员全体学生积极参与讨论，使全体学生受益。

本课还利用信息技术提供的大量生动的学习材料，采用启发式谈话、自主学习和讨论相结合、直接强化法等教学策略，调动学生参与课堂讨论的积极性，帮助学生构建有关传染病的基本知识，发展观察、分析、表达等能力，体验正确健康概念，强化讲究卫生、热爱劳动的思想情感和良好的生活习惯。

（七）课前准备

教师：有关本地传染病的新闻，四大类传染病的比较表，人体主要的传染病及病原体图表，关心艾滋病人视频资料，多媒体课件。

学生：本地区常见传染病调查，传染病的手抄报。

（八）教学课时

2课时。

（九）教学过程设计

教学内容	教师教学活动	学生活动	期望教学效果
引入新课	我们曾经经历过哪些传染病呢？那么其他的动物有没有这样的困扰？ 视频：鸡之歌	倾听、思考，准备调动经验，进入学习	通过引入视频唤起学生对传染病有较直观的认识，导出新课
初步认识传染病	活动一：慧眼识珠（抽签辨别传染病及非传染病） 引导学生讨论并纠正学生叙述中不科学的说法。并就其中属于传染病的流行性腮腺炎、沙眼、肺结核、结膜炎、灰指甲等展示相关图片和补充讲解 引出传染病与非传染病区别，并引出传染病的概念	参与活动 学习小组内讨论，逐步理解传染病的概念	根据自己所了解的情况，积极参与表达 创设富有挑战性的学习情境，激发学生的学习兴趣与内在学习动机
病原体的特点	多媒体展示可引起传染病的细菌、病毒、寄生虫显微图片或模型图片。归纳总结三个类型的传染病病原体，并让学生简要了解其他类型病原体	观察了解，并记住主要有三个类型的传染病病原体	通过图片增加感性认识，有助于理解

续 表

教学内容	教师教学活动	学生活动	期望教学效果
传染病的特点	引导学生从新闻和调查表中分析归纳出传染病的特点——传染性和流行性	小组讨论、分析，归纳出传染病的特点	让学生驱动自己的学习动机机制，从而在病例中分析、归纳出传染病的特点
传染病流行的三个基本环节	活动二：情景短剧《小陈生病了》 分别以小陈看医生的对话和回忆引出传染病肺结核和乙肝，并引导学生探究传染病流行的三个基本环节（传染源、传播途径、易感人群），并强调传染病要流行，三个基本环节缺一不可	调动生活体验，小组参与讨论，从实例中讨论分析理解传染病流行的三个基本环节	导入短剧后与学生互动投放，鼓励和引导学生观察现象，学会发现问题、提出问题、解决问题
预防传染病的一般措施	针对传染病流行的三个基本环节，仍以短剧中的肺结核和乙肝为例，引导学生得出预防传染病的三类措施：控制传染源、切断传播途径、保护易感人群 图片展示在学校生活的一些照片，如课室卫生、做广播操、学校卫生死角 同时展示了湛江市在2013年创建国家卫生文明城市的一些具体措施 归纳、强调预防传染病三类措施	动脑思考、动口讨论、动手实验，独立寻求解决问题的办法 正视不利于预防传染病的不良习惯，参与班级讨论，发表自己的观点，认同“预防传染病，从身边的小事做起”	提高学生分析问题和解决问题的能力（知道预防传染病的一般措施和常识） 让学生在尽最大学力能够达到的发展区域内学习，并给学生有用的生活指导，强化讲究卫生和良好的生活习惯
正确认识传染病	展示关于湛江市在2012年处理H5N1禽流感的图片资料，和全国各地区在应付各种传染病的事例 活动三：思维平台（小组展示手抄报），每小组2分钟展示和回答其他小组至少3个提问	分析传染病流行的原因 组间交流、争辩，激起思维共鸣，自主完善结论，进行知识整合	引导学生关注社会热点，进一步理解预防传染病的三类措施 创设互动平台，培养学生的表达能力、合作精神和团队意识
新课小结	根据板书请学生进行总结，并提问： 1. 传染病流行的三个基本环节？ 2. 预防传染病的一般措施？	回顾新课内容，表达学习成果	巩固新课的教学内容
堂上练习	出示堂上练习题，组织学生交流 布置作业	完成练习	巩固学习成果，并通过导学案进行反馈

（十）反馈练习

（1）选择题。

①下列疾病中，不属于传染病的是（　）。

A. 流行性感冒　B. 麻疹　C. 近视　D. 水痘

②传染病的特点是（　）。

A. 由病毒引起　B. 具有一定的区域性

C. 具有流行性和传染性　D. 通过呼吸道传播

③传染病的传染源是指（　）。

A. 细菌、病毒、寄生虫　B. 能散播病原体的人或动物

C. 传染病发生的初始处　D. 病原体传播的路线

④下列传染病中，属于呼吸道传染病的是（　）。

A. 疟疾　B. 狂犬病　C. 肝炎　D. 流行性感冒

⑤既是传染病的传染源，又是其传播途径的是（　）。

A. 患乙型肝炎的人　B. 家里的猫、狗

C. 消化道传染病人用过的杯子　D. 带有疟原虫的蚊子

（2）填空题。

引起艾滋病的病毒是__________________病毒，简称______。

（十一）板书设计

第2节　预防传染病

（十二）教学反思

从课堂教学和学生导学案反馈的信息来看，整堂课内容紧凑，教学设计思想基本体现，分析推理层层推进，师生关系融洽。

本节课的特点是立足联系学生日常生活，在每个教学环节都引用了大量来自学生身边的事例。首先，以禽流感（鸡之歌视频）这个热门话题来引出课题，拉近教师与学生的距离。在教材的几个关键结论的得出都采用了讨论，使学生在合作交流中学习，并引入竞争机制，鼓励学生共同合作达成目标，通过这些培养学生协作交流的意识。除了极大地调动了学生参与学习的积极性，同时课堂观察到学生的学习情绪是高涨的、愉悦的。其次，学习过程中注重老师与学生的交流，提倡师生平等，并注重学生的情感体验。这本节课中，学生在两处感触颇深：一是视频的内容，这部分学生刚开始发笑，但是过后却有冷静的思考，二是活动“思维平台”展示手抄报再次激起学生的共鸣。

在课堂引入环节还做了一个改动，要求学生在课前各小组调查列举的疾病中，找出哪些是传染病，哪些不是；哪些可以通过接种疫苗的方式进行预防，哪些不能。学生兴趣很高，找对的非常高兴，还很乐意把他的经验告诉那些找错的同学，学生的主体地位非常突出。

在本节课的概念教学中，我尝试通过课堂教学为学生搭建一个交流学习的平台，创造探究条件，关注学情发展，同时也巧妙处理突发事件，把学生的自由发展调控在课标要求的范围内。学生在课堂上学到的内容大都源于彼此的讨论与交流。同时，学生的个性也得到了充分发展，在学习中不断去体验，从被动的“知识容器”转为主动学习的参与者，在争论中解决问题，这让他们感到了学习的快乐，从而培养学生的表达能力、合作精神和团队意识。我在这样的活动中也获得了不少收获，达到了教学相长的境界。

为了能避免传统教学设计上的单调，我在课堂板书上使用了思维导图，一方面可以丰富教学方式，充分实现概念教学，还能帮助学生整理思维，提高学生的发散思维和创造思维能力。同时思维导图层次分明、条理清晰的特点有助于学生综合思维及创新能力的发展。在这样的教学方式下，学生对于课程内容的理解和把握都做得很好概念体系构筑得十分稳固和完善。

【案例评析】

本节课突出了课改的新理念：首先，本课继续强调学生探究性学习活动的同时，凸显了生物学重要概念的传递。在教学中，能很好将两者有机地结合，体现“课程是生活，课程是经验”的新理念，通过创设问题情境，调动学生的积极性。利用学生熟悉的常见传染病病例，成功地运用现代化教学技术，激发学生的学习兴趣，帮助学生建构生物学概念，达到了教学目标。其次，体现了“为了每一位学生发展”“让学生成为学习的主人”的新理念。本节课的教学，在课前布置学生收集有关传染病的资料并制成手抄报，提高了学生获取信息、处理信息的能力，充分体现课程与实际生活的联系，让学生加深理解和应用生物学概念。同时问题情境符合学生的实际，并且注重课堂教学过程中的师生互动、生生互动，注重学生的整体性。最后，体现了教学方式和学生学习方式的转变。通过师生互动、生生互动，教师是引导者，引导学生自己发现问题、提出和解决问题，帮助学生建立生物学概念之间的关联，培养了学生自主、合作、探究的学习方式。

四、“探究种子的营养成分”教学设计①

（一）实验目标

1.知识目标

说出种子的营养成分以及检测方法。

2.能力目标

能正确描述实验现象、合理分析实验现象和得出准确的结论，培养实验设计能力和实验探究能力，提高生物科学素养。

3.情感、态度与价值观目标

重视实验教学在生物教学的作用，养成实验规范操作的习惯，树立认真的科学态度。

① 案例来源：湛江师范学院附属中学 李文送；该实验设计获得2008年湛江市初中生物学实验展演比赛一等奖。

（二）实验原理

脂肪能够在白纸上形成油印；一般情况下，淀粉遇碘液变蓝；蛋白质加入双缩脲试剂呈现紫色；有机物能够在空气中燃烧，而无机盐不能；水加热会变成水蒸气，水蒸气遇冷会凝结成水珠。

（三）材料和器具

1. 实验材料

花生种子、大米、大豆种子。

2. 实验器具及试剂

酒精灯、解剖针、打火机、白纸、自制塑料槽、镊子、刀片、试管、试管夹、滴管、量筒、烧杯、清水，碘液、双缩脲试剂。

（四）方法步骤

步骤	材料及处理	操作方法	预测现象	结果分析
1	花生种子去掉种皮	用镊子夹取去掉种皮的花生放在白纸上挤压，与水印进行对照	白纸上出现油印	花生种子经过挤压在白纸上形成油印，说明含有脂肪
2	大米放入清水中浸泡数小时后，制成米浆	用量筒量取2mL米浆注入试管，然后加入2滴碘液，摇匀	米浆加入碘液后变成蓝色	米浆变蓝，证明大米含有淀粉
3	大豆种子放入清水中浸泡数小时后，制成豆浆	用量筒量取2mL豆浆注入试管，先注入双缩脲试剂A液1mL，摇匀，后加入双缩脲试剂B液4滴，摇匀	先后加入双缩脲试剂A液、B液后，豆浆变成紫色	豆浆加入双缩脲试剂变紫，说明大豆种子含蛋白质
4	花生种子晒干，去种皮，用刀片切成片状	用解剖针穿插一块花生片，直接放在酒精灯上燃烧	花生片燃烧，剩下灰烬	花生片燃烧后剩下的灰是无机盐，证明花生种子含无机盐
5	干燥的大米	先取一支试管放在酒精灯上烘烤一下，驱尽潮气。然后用自制塑料槽把大米（约30粒）装入试管内烘烤	试管内壁上出现水珠	水珠是水加热变成水蒸气遇冷凝结成，说明大米中含有水

（五）实验结果与结论

实验结果：花生种子能燃烧，说明含有机物；挤压花生种子的白纸出现油印，说明花生种子中含脂肪；花生种子燃烧后剩下灰白色的灰，说明含无机盐。装有大米的试管经过烘烤后出现水珠，说明大米含有水分；米浆遇碘液变蓝，说明大米含有淀粉。豆浆加入双缩脲试剂呈现紫色，说明大豆种子含有蛋白质。

实验结论：种子中含有脂肪、淀粉、蛋白质等有机物和无机盐、水等无机物。

（六）讨论

（1）检测种子营养成分蛋白质，还有哪些可行的方法？

（2）脂肪还可以用苏丹III或苏丹IV进行检测，查阅有关资料，谈谈如何运用苏丹III或苏丹IV检测种子的营养成分脂肪？

（3）种子含有这么多营养物质，这与它的作用有什么关系？

（4）淀粉遇碘液都显蓝色吗？

【案例评析】

探究种子的营养成分是初中生物新课程要求进行的探究实验之一。本实验的创意设计有：

（1）选材经济，就地取材。大米、大豆和花生都是我国南方城市容易找到的实用价廉的实验材料，尤其是大米。教材中建议使用材料小麦种子，比较适合北方城市的学校开展实验。

（2）方法创新，步骤优化。在检测种子含有无机物和蛋白质的过程中，进行创新设计，一是将花生子叶切片穿在解剖针上，直接放在酒精灯上燃烧，这与现行教材和配套活动手册将种子放在石棉网上燃烧相比，时间更快，燃烧更充分。二是用双缩脲试剂检测蛋白质，这与教材用纱布包裹面团揉洗的做法相比，耗时少，操作更简便。在步骤安排上进行优化，先检测种子中的有机物，后检测无机物，如先检测花生中含有脂肪，有利于解释后面的燃烧现象。

（3）自制器具，实用耐用。针对传统纸槽存在不能沾水，不能清洗，不耐储存，不能反复使用，我利用废弃透明塑料自制成塑料槽。这与传统纸槽相比，具有不怕水、能清洗、实用和耐用等特点。利用废弃塑料制作实验器具，体现了变废为宝的思想，也适合广大教师以及学生模仿制作。

第二节　高中生物学教学设计案例与评析

高中学段和初中学段相比，由于学生的年龄、认识特征和学习内容等有别，意味着高中生物学教学设计和初中生物学教学设计是不同的。

一、“细胞膜——系统的边界”教学设计①②

（一）教材分析

“细胞膜——系统的边界”是《普通高中教科书 生物学 必修1 分子与细胞》（人民教育出版社）第3章“细胞的基本结构”的内容，是在学习了生物的物质基础和细胞的组成成分的基础上进行的。细胞膜是细胞必不可少的结构，学好本节内容既能帮助学生巩固前面的知识，又能为第4章细胞的物质输入和输出打下基础，起着承上启下的桥梁作用。教学主要内容是讲述细胞膜的成分和功能，这也是教学的重难点。

教材首先由问题探讨入手，推断细胞中细胞膜的存在，再通过实验证明这一推断。其次，讲述细胞膜的成分，联系实际分析细胞膜的功能，渗透结构与功能的统一性观点；最后，简要讲述植物细胞壁的成分与功能。

（二）学情分析

在初中生物课学习细胞的基本结构时，学生对细胞膜已经有所了解，但学生用显微镜观察细胞时，是很难看清细胞膜的。结构是功能的基础，两者是相适应的。经过第2章“组成细胞的分子”的学习，学生知道了蛋白质、糖类和脂质是重要的化合物，但是对于这些物质的存在位置还不清楚。因此，在本章的教学中，教师应指导学生将

① 案例来源：广州市白云区京师实验学校 成玉婷；岭南师范学院附属中学 李文送。

②成玉婷，李文送．基于“问题导学”的教学设计——以“细胞膜——系统的边界”为例[J]．中学生物学，2019，35（1）：34-36.

细胞的物质组成与细胞的结构有机地联系起来，对细胞形成系统的认识。例如，引导学生从生命系统的结构基础角度认识之所以“蛋白质是生命活动的主要承担者”，是因为它承担了组成细胞基本结构的功能，并且是细胞膜的主要成分之一，约占细胞膜总量的40%。再如，引导学生回忆“细胞中的脂质”提出的“磷脂是构成细胞膜的重要成分”，再提出细胞膜结构中脂质约占总量的50%，使学生将前后知识建立起有机的联系，为“生物膜的流动镶嵌模型”学习奠定基础。

（三）学习目标

（1）简述细胞膜的成分和功能，解释细胞膜在维持细胞结构和功能中的重要作用。

（2）体验制备细胞膜的方法，培养观察分析、合作学习的能力。

（3）认同细胞膜作为系统的边界，对于细胞这个生命系统的重要意义。

（四）教学过程设计

1. 问题驱动，活跃思维

教师展示细胞显微结构图，并提出问题：细胞有哪些结构？组成细胞的物质有哪些？当学生对细胞物质有一定认识后，有人尝试过想组装细胞，你们推测一下能否成功？通过这个事例，你能得出什么结论？学生讨论、交流，师生共同总结出结论：系统不是其组分的简单堆砌，而是通过组分间结构和功能的密切联系，形成的统一整体。

设计意图：教师以问题串为引，激活学生的思维，使学生为学习新课做好热身；同时使学生巩固前面的知识，学习的新知识，建立前后知识的联系，有利于学生对细胞形成整体认识。

2. 创设情境，引入新课

教师展示显微镜视野下的图片，并提出问题：细胞是一个系统，而每一个系统都有一定的边界，那么细胞是否也有边界呢？尝试说出图中哪些是气泡，哪些是细胞？能否在显微镜下看到细胞膜？学生讨论、交流并回答。师生共同总结出：气泡里面只有空气，所以比较光亮，并且气泡边缘颜色比较深。细胞内的细胞核、细胞质等是立体的，通过调节焦距可看到不同的层面，但在显微镜下看不到细胞膜。

设计意图：教师利用学生最常见的显微镜观察中的误区（误以为气泡就是细胞）将学生的思绪带回曾经学过的知识，激发学生对细胞膜问题的思考。

3.深入情境，解决困惑

资料1：进入活细胞的物质首先要通过一道选择性的屏障，并不是所有的物质都能进入细胞，用显微注射器将伊红注入变形虫体内，伊红很快扩散到整个细胞，但却不能很快逸出细胞。资料2：在光学显微镜下看到，用微针触碰细胞表面时，细胞表面有弹性，可以伸展；用微针插入细胞内，细胞表面有一层结构被刺破；如果细胞表面结构受损面过大，细胞会死亡。

教师提供2则资料，提出疑问：细胞膜在光学显微镜下是看不清的，要想真正观察细胞膜要用电子显微镜。但是，在电子显微镜诞生之前，科学家已经能够确定细胞膜的存在了，你能想办法验证细胞膜的存在吗？

设计意图：教师利用问题激发学生的学习动机，促进思维活动；资料为学生解决问题提供线索，让学生能够深入情境，解决问题，同时体会科学的方法，验证细胞膜的存在。

4.实验探索，学习制备

教师展示各种细胞图片，并提及：科学是不断发展的，知道了细胞膜的存在，那么细胞膜的成分是什么呢？它又具有哪些功能呢？要想解决这个问题，我们应当想办法获取细胞膜？下面我们就结合实验学习一下细胞膜的制备。首先，我们应该确定合适的实验材料，对于一个实验来说，合适的实验材料是实验成功的关键。哪一种细胞比较适合提取细胞膜？请尝试说出原因？

在学生选出合适的实验材料并说出原因后，教师引导学生阅读教材41页旁栏相关信息并提出疑问：对红细胞有特殊要求吗？鸡的红细胞可以用做实验吗？

设计意图：学生积极讨论，确定实验材料。在这个过程中，教师启发学生的多元思维，培养合作交流的能力。教师展示红细胞在不同溶液中的图片（如图4-1所示）问：如何利用红细胞获取细胞膜呢？用镊子撕取行吗？用针刺破行吗？那应当用什么办法来获取细胞膜？根据图中红细胞的形态差异，你能描述一下本实验的实验原理吗？

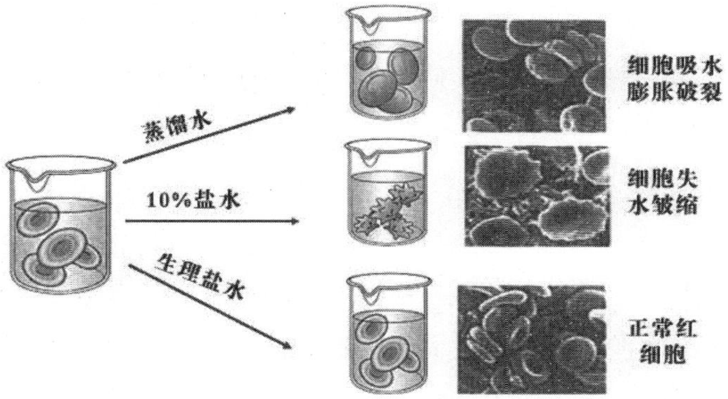

图4-1　红细胞在不同溶液中的变化

学生小组讨论后，讲解实验步骤。在讲解过程中，师生共同总结实验过程中的注意事项。然后，教师展示实验结果图片，进行讲解。最后，学生思考、讨论教材41页讨论题，教师给以评价。

设计意图：在获取红细胞膜的方法中，教师利用层层递进的问题，引导学生的思维慢慢地与正确方法接轨。学生在总结实验过程注意事项时，也提高了总结能力。讨论题中出现了新方法——差速离心法，也为下节课的学习做铺垫。

5.学习细胞膜的成分

教师提供资料，让学生通过资料分析：细胞膜的成分有哪些？

资料1：1859年，欧文顿选用500多种化学物质对植物细胞膜的通透性进行了上万次的研究。发现脂溶性物质易透过细胞膜，不溶于脂类的物质透过细胞膜十分困难。资料2：能够水解蛋白质的物质，称为蛋白酶。用蛋白酶处理细胞膜，会使细胞膜分解。请根据以上资料思考细胞膜在组成上有何特点？

学生通过资料分析，会知道细胞膜的成分有脂质和蛋白质。同时，教师质疑：细胞膜的成分中是否只有磷脂和蛋白质？学生通过阅读教材即可知道：细胞膜的成分主要由脂质和蛋白质组成，还有少量的糖类。

通过前面的学习，学生知道了蛋白质是生命活动的承担者。教师提出问题：蛋白质在细胞行使功能时发挥重要作用，那么细胞膜功能越复杂，蛋白质的种类和数量是越多还是越少？并展示细胞膜的结构模式图，讲解蛋白质、脂质和糖类的分布及所占百分比。然后联系生活，引导学生如何看检查癌症的验血通知单。

设计意图：教师利用已知，引导学生分析材料，得出答案，提高学生的分析能力。

学生联系上一章的知识，有利于构建“组成细胞的物质与细胞统一整体”。教师展示细胞膜结构示意图，引起学生的关注，使学生了解细胞膜的结构，为后面学习流动镶嵌模型奠定基础。

6.细胞膜的功能

教师展示中国地图：学习了细胞膜的成分，也了解了细胞膜的结构，我们现在就来学习一下细胞膜的功能。首先，我们先来看看这幅图。教师讲解国界线的作用，引导学生类比细胞膜的功能进行学习。

（1）将细胞与外界环境分隔开（与国界线的作用进行类比）。教师利用原始细胞形成的过程进行讲解，让学生认同细胞膜作为系统的边界，对于细胞这个生命系统的重要意义。

（2）控制物质进出细胞（与海关或边防检查站进行类比）。教师提供素材，让学生通过分析素材得出细胞膜的第二个功能。素材一：洗涤红脚苋菜的清水没有变成红色但是若用红脚苋菜煮的菜汤则出现颜色。素材二：用台盼蓝染色，死的动物细胞会被染成蓝色，而活的动物细胞不着色，从而判断细胞是否死亡。学生通过分析可知细胞膜具有控制物质进出细胞的功能，但是活细胞的细胞膜才具有。然后，再通过观看演示物质进出细胞的动画，总结可以进出细胞的物质。

（3）进行细胞间的信息交流（与国与国之间的交流进行类比）。①利用激素作用于靶细胞。教师结合动画演示进行讲解，引导学生寻找生活中的事例进行类比。教师举例类比：这种交流方式就像网络购物，内分泌细胞、激素、血管、靶细胞分别代表卖家、货物、快递以及买家。②精卵识别。教师结合动画图进行讲解，并提出问题：为什么在水中青蛙的卵细胞不会与蟾蜍的精子相结合？③胞间连丝。教师结合图片进行讲解，引导学生说出类比事例，如传声筒。

（4）教师讲解植物细胞壁的成分、作用及其与细菌细胞壁的区别，并提出问题既然植物细胞和细菌细胞的最外层是细胞壁，那它为什么不是系统的边界？师生共同总结出：细胞壁没有选择透过性，是一种全透性的物质，没有生命活性，细胞是最基本的生命系统，它的边界是有活性的。因此，细胞的边界就是具有选择透过性功能的细胞膜。

设计意图：创设问题，让学生积极思考、讨论，进而解决问题。教师将细胞膜的功能及国界线进行比较，激发学生的兴趣。在介绍细胞膜的功能时，涉及了原始细胞的产生。对这个问题的认识会让学生感到思维的跨度太大，因此教师利用原始细胞形成的过程诱导，帮助学生构建起生命起源与细胞膜形成之间的联系，认识细胞膜对于生命系统的重要意义。学生积极寻找生活中类似的例子，不同学生有不同的想法，学生之间发生思维的碰撞，不仅有利于思维的活跃，也有利于记忆。

（五）教学反思

本节课采用“问题导学”的教学思路，问题创设注意与现实生活的联系。教师围绕本节内容的核心问题，以学生的生活实际为素材，创设情境，突出重点问题，激发学生的学习兴趣，让学生进行自主、合作、探究学习。通过创设问题情境吸引学生注意力，让学生深入情境去解决问题，教师以“问题”为主线精讲问题。教学中，教师注重给予学生充足的时间和空间去思考、解决问题，引导学生自主学习，讨论、交流表达，充分发挥学生的主体作用。教师提供相关材料，使学生感知教材，启发性讲解使学生理解教材。但由于条件限制，不能在课堂上进行“体验制备细胞膜的方法”，这一点没有实现让学生动手探究、促其学会学习的初衷。

【案例评析】

从整体上来分析，“细胞膜——系统的边界”这节课的教学设计是有想法和有思路的，那就是基于“问题导学”来设计教学和组织教学。从内容结构来看，“细胞膜——系统的边界”这节课的教学设计包括教材分析、学情分析、学习目标、教学过程设计和教学反思，在逻辑上是完整的。当然，这节课的教学设计亮点在教学过程的设计，纵观可知这个教学过程的设计主要分为“问题驱动，活跃思维”“创设情境，引入新课”“深入情境，解决困惑”“实验探索，学习制备”“学习细胞膜的成分”“细胞膜的功能”环节。这样的设计方式，突出问题，基于问题，注重培养学生的问题意识、分析和解决问题的能力，既有利于启发学生思考，又有助于学生提高思维能力。在教学过程的每个环节，不仅描述了“教什么”“怎么教”，还阐述了“为什么这样教”。可以看出，这个教学设计能从学生立场出发，凸显以生为本，思维能力为重，彰显了育人为本的教学价值取向。在问题导学中，教师要注意问题设计的针对性和梯度性，以及提问的时效性和艺术性，同时应给予学生相应的时间去思考和思辨。

二、“伴性遗传”教学设计①

以李芳家庭的相关问题为导线，教师通过情景设问，围绕“伴性遗传”的教学目标，促使学生推理、分析、思考人类的性别决定、红绿色盲的遗传方式和特点等问题。并结合生物学科素养的要求，以问题为驱动力，促进学生生物学科素养的形成。

（一）教材分析、学情分析和教学思路

“伴性遗传”是《普通高中教科书 生物学 必修2 遗传与进化》的第2章第3节内容，由于在第1章已经学习了孟德尔的遗传定律，在第2章前两节已经学习了减数分裂的相关内容，学生已经具备了一定的基础，如遗传图解、配子的形成与后代的情况分析等。但是，由于这两章的内容难度较大，学生掌握程度参差不齐，所以对本节课，若教师按照常规的教学方法，学生会比较难以理解，甚至会感觉枯燥乏味。若运用情景问题作为导线，有助于学生对本节课的理解与运用，更能提高学生的学习兴趣。所设置的情景与教材配图紧密结合，达到回归课本的效果，并切合现代关注学生学科素养的养成主题，增强学生解决现实生活中生物问题品格与能力。

（二）紧扣学科核心素养

生物学核心素养是学生后天习得的终身受益成果，是公民基本素养的重要组成之一，是学生在解决真实情境中的生物学问题时所表现出来的必备品格和关键能力。生物学核心素养主要包括生命观念、理性思维、科学探究和社会责任等。

1. 生命观念

通过对“人的性别决定”与“人类红绿色盲”的学习，形成科学的自然观和世界观，能在实际生活中树立男女平等、尊重他人隐私、理性看待遗传病的生物学观念。

2. 理性思维

通过对人类红绿色盲的家庭遗传分析，有利于学生在学习过程中逐步发展理性思维，认识性别与染色体的关系、理解伴X染色体隐性遗传的特点，并锻炼运用科学的

① 黄锦兵．以情景为导线的“伴性遗传”教学设计[J]．中学生物学，2017，33（10）：25-27.

思维方法去认识事物、解决实际问题的思维习惯和能力。

3.科学探究

通过情景的构建，用现实世界中出现的问题促使思考，针对特定的生物学问题，培养观察、提问、实验设计、方案实施以及结果的交流与讨论的能力。在探究中，乐于和善于团队合作，勇于创新。

4.社会责任

形成正确的世界观与生物学科思想，能对“生男生女责任在哪方”“遗传基因来源于谁”等话题作出理性解释，辨别迷信和伪科学，主动向他人宣传相关的遗传知识。

（三）教学重难点

本节课的重点是人的性别决定和人类红绿色盲的家系遗传特点，难点是人类红绿色盲的遗传图解和逻辑推理。

（四）教学过程

1.人的性别决定

情景1：二孩政策开放了，李芳和大明已经生有一个女儿，他们希望能再生一个儿子，这样就能凑成一个“好”字，你知道男孩和女孩是由什么决定的吗？由于学生对这部分内容比较感兴趣，并在初中时已经有一定的知识储备，比较容易得出结论：人类的性别是由性染色体的不同而决定的。教师在此先指出常染色体与性染色体的异同、男女体细胞的染色体组成。

情景2：由于第一个小孩是个女儿，婆婆有点埋怨李芳，认为生不出儿子是李芳的错，在我们国家很多地方，还存在这样的看法。你觉得这种看法对吗？生男生女主要由哪方决定？由于在上一个情景，学生已经总结了男性精子和女性卵细胞的染色体组成，通过讨论可以得出结论：后代性别的决定，主要是由男方精子的染色体组成决定的，不能责怪女方。教师在此基础上引导学生树立科学的常识，生男生女是概率性的事件，不要再有责怪女方的封建思想，也不要有重男轻女的思想，男孩女孩都一样，并鼓励学生遇到此类社会话题时，能勇敢地宣传相关知识。

设计意图：以日常生活的相关情景问题为切入点，既能提高学生的学习兴趣，增强学生学习本课的内驱力，还能培养学生理性思维、社会责任等相关学科素养。

2. 伴性遗传

回归教材，教师组织学生一起总结伴性遗传的概念。

3. 人类红绿色盲

（1）红绿色盲测试。教师展示红绿色盲测试图片，活跃课堂气氛。

（2）人的正常色觉与红绿色盲的基因型和表现型（用 B、b 基因表示）。教师展示表4-1，向学生说明人类的红绿色盲基因位于 X 染色体上，提醒学生正确的基因型书写方式，并引导学生思考：我国红绿色盲患者男性（7%）远远多于女性（0.5%），你能试着分析原因吗？学生讨论分析，可能会认为女性色盲概率为 1/3，男性色盲概率为 1/2，所以男性色盲患者更多。教师可纠正此观念，应该是男性只要有一个色盲基因就会患有色盲，而女性需要同时两个色盲基因结合，因此女性患病概率为男性患病概率的平方。

表4-1　人的正常色觉与红绿色盲的基因型和变现型

性别	女			男	
基因型	X^BX^B	X^BX^b	X^bX^b	X^{BY}	X^bY
表现型	女性正常	女性携带者	女性色盲	男性正常	男性色盲

（3）红绿色盲的家系遗传（遗传图解）。情景3：婆婆想要个孙子，但是李芳也有自己的顾虑，李芳的丈夫大明患有色盲，李芳认为自己的家族都没色盲的，生女儿像自己，肯定不会有色盲，但如果生个儿子，就会像父亲，那不就患色盲了吗？想来想去，李芳决定还是去找医生做做遗传咨询，你能帮助她吗？请大家分析教材 35 页的图 2-12，告诉李芳答案。师生共同分析后得出结论：李芳的家族都没色盲，李芳的基因型很可能为 X^BX^B，儿子的 X 染色体来自母亲，则儿子很可能不会患有色盲，但父亲的色盲基因会遗传给女儿，女儿是携带者。

情景4：李芳经过咨询，知道了生儿子很可能是不会有色盲的，但是女儿会是色盲携带者，那以后自己的女儿结婚，自己的外孙们会不会出现色盲？请大家分析教材 35 页图 2-13，再完成图 2-14，然后告诉李芳答案。学生开展小组讨论，填好教材图 2-14，派代表展示遗传图解。教师点评，并强调正确的书写方式，如基因型学生可能

会写 X^bX^B，表现型会漏写性别。

情景5：李芳经过了解，知道自己的外孙们有可能是色盲，心想：假如我到时有个外孙女，这么巧还真是色盲，那我就让她只嫁不色盲的，这样就没问题了吧。请大家填充好教材图2–15，然后告诉李芳答案。学生开展小组讨论，填好教材图2–15，派代表展示遗传图解。教师点评，并指出此图特点，女患者的儿子全部都患有色盲，而女儿全部不患。

设计意图：以李芳的相关问题为切入点，以教材的图解为典例，动员学生进行讨论、分析推理，自主探究，既能提高学生的学习兴趣，又能回归教材，还能给予学生动手练习的机会，培养学生相关的学科素养，一举三得。

（4）正确看待色盲，尊重他人隐私，科学理解遗传病。师生共同学习色盲的优缺点，引导学生树立科学的生物学思维：任何基因都有自己的优点和缺点。所谓的优点和缺点，只是因为环境的不同，基因本身并没有错。我们不能因为某些人有缺陷，就以歧视的眼光看待他人，缺点在不同的条件下，可能会成为优点，希望学生能懂得尊重他人，尊重别人的隐私。

设计意图：图文并茂的科普知识总是能吸引学生的注意力，以图“找找狙击手在哪”，让学生亲自感受色盲的优点，并启迪学生树立科学的生物学思维，用生物进化论的角度分析色盲，从本质上认识“没有不好的基因，只有不良的环境”，并学会尊重他人，尊重别人的隐私，理性看待遗传病，树立正确的生命观念。

（5）红绿色盲的遗传规律。情景6：假如李芳的女儿结婚后，生的是儿子，且患色盲。李芳外孙的色盲基因最终来自谁？与他父亲有关系吗？根据图4–2，师生讨论总结：李芳外孙的色盲基因最终来源于大明（外祖父），基因传递途径为：大明→女儿→外孙，这种传递叫“隔代交叉遗传”，外孙的色盲与父亲无关。

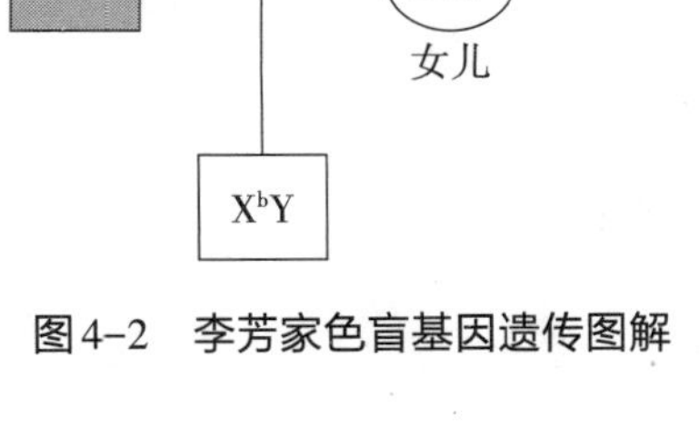

图4–2　李芳家色盲基因遗传图解

最后，学生总结归纳出人类红绿色盲（伴X染色体隐性）的遗传规律：男性患者多于女性患者；具有隔代交叉遗传现象；女患者的父亲、儿子必患。

（6）拓展训练。如图4-3所示，王超发现爸爸是色盲，而妈妈正常，所以他认定是爸爸将色盲基因传给他。他的说法对吗？为什么？

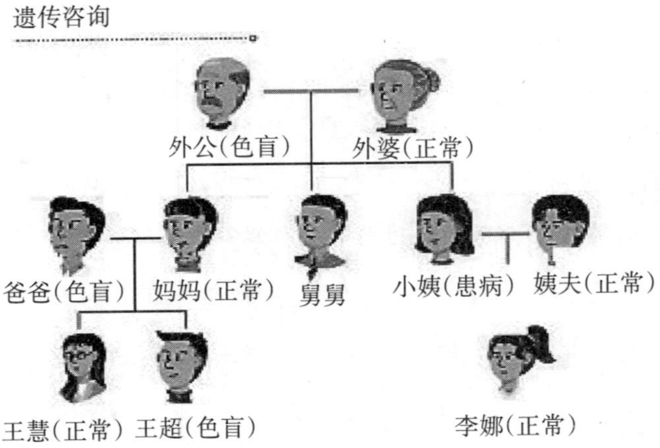

图4-3　王超家族色盲遗传家谱

教师引导学生思考，填写出王超、爸爸、妈妈、小姨、外公、外婆等人的基因型，并指出这类问题应先将患者的基因型写出，从隐性性状入手，使学生初步掌握基因型推断技巧。

（五）教学反思

本节课的设计以李芳的家庭问题为导线贯穿教材考点，以关注学生的学习、学生的素质培养为指导思想，改变了传统的讲授概念、做题巩固的课堂教学模式；通关情景问题的引导，使课堂变得不再枯燥无味；以现实生活中的问题指引学生思考，使知识变得贴近生活，不再是“空中楼阁”，更符合现代教育提倡的关注学生学科素养的要求。

【案例评析】

黄锦兵老师的“伴性遗传”教学设计主体框架由教材分析、学情分析、教学思路、教学目标、教学重难点、教学过程和教学反思等组成。教学过程设计了“人的性别决定”“伴性遗传”“人类红绿色盲”“红绿色盲测试”三部分。其中，第三部分设计有

“人的正常色觉与红绿色盲的基因型和表现型”“红绿色盲的家系遗传”“正确看待色盲，尊重他人隐私，科学理解遗传病”“红绿色盲的遗传规律”和“拓展训练”等内容。其教学设计亮点有三：一是问题情景为导线进行设计和组织教学，正如他在文中所说“以李芳家庭的相关问题为导线，教师通过情景设问，围绕“伴性遗传”的教学目标，促使学生推理、分析、思考人类的性别决定、红绿色盲的遗传方式和特点等问题，并结合生物学科素养的要求，以问题为驱动力，促进学生生物学科素养的形成”；二是依据新课程标准，从生物学科核心素养进行设计教学目标，同时能有方法、有策略地达成目标；三是借助图表特别是遗传图解，使抽象问题形象化，从而使教学达到深入浅出的效果。

第五章

教师说课

【导读】 当教师完成教学设计后，或者完成课堂教学后，教师应如何向同行、评委或专家等说课？怎样才能把课说好？这就意味着，教师需要掌握说课等要领。教师要知道何为说课、说课要遵循什么原则、说课究竟要说什么和说课有什么要求，本章将为教师提供相应的解决思路和说课案例。

第一节 说课的基本原则和主要内容

一、说课的含义与分类

说课自1987年提出以来，已逐渐成为教研领域的一项重要活动，与备课、上课、听课（观课）、评课（议课）一起成为学校教研活动的基本形式[①]。通常，说课是面对教师、学校领导，或教研员、专家、评委等进行的活动，即没有学生（其实也不需要）在现场参与，说课的时间较短，约15分钟。由于说课能够展现教师在备课中的思维创新过程，凸显教师对课程标准、教材、学生的理解和把握的水平，以及运用有关教育理论和教学原则组织教学的能力，同时又具有时间短、操作方便的优点，所以说课经常被应用在教师基本功竞赛、教师招聘、新教师上岗、教研组备课等教学、教研、竞赛之类的活动中。此外，说课也成为许多师范院校培养师范生教学技能的一个重要举措。

关于说课，教育学者提出了各自理解的含义，如崔小春（2005）在《"说课"断想》一文中说："说课是教师依据课程标准、教育教学理念，口头表述自己对教学内容、教学目标、教学重难点、教学方法、教学程序等进行创造性设计的一种教研形式。通俗地说，就是阐述'教什么内容、为什么教这些、怎么教和为什么这么教'的问题。"[②]任宝贵和陈晓端（2009）认为："说课是指在授课之前或授课之后，让教师面对同行或教学研究人员，系统地谈自己的教学设计及理论依据，口头表述一节课的教学设想，然后由听者评析，以便相互交流、共同提高的一种教研活动。说课是教师在备课或讲课基础上的理性思考，它有利于提高教师的理论素养，使教师的教学实践上升到一定的理性层面。"[③]尹泳一（2012）的观点："说课多是备课之后、授课之前的教研活动，即通过教师运用现代教育理论阐述备课的思考，要求针对特定的教学内容，在一定的场所，系统地阐述对教材、教法、学法、教学设计、教学组织等方面的理性思

① 宋萑.说课与教师知识建构[J].课程·教材·教法,2012(4):120-124.

② 崔小春."说课"断想[J].人民教育,2005(8):42-43.

③ 任宝贵,陈晓端.说课与教师专业发展[J].教育科学研究,2009(2):69-71.

考，然后由说者和听者共同讨论和评议，以达到相互交流、共同提高目的的一种教学研究活动。说课包括说教材、说学情、说教学重难点、说教学方法与学习方式的选择、说教学设计、反思总结等环节，重点在于阐述理论依据。”[①]在论述说课价值时，李崇爱强调：“说课意指教师面对同行和专家，以科学的教育理论为指导，在精心备课的基础上将自己对课标及教材的理解和把握、课堂程序的设计和安排、学习方式的选择和实践等一系列教学元素的确定及其理论依据进行阐述，并与听者一起进行预测和反思，共同研讨进一步改进和优化教学设计的一种教学研究活动。简而言之，即陈述做什么，怎么做，为什么这样做。说课是教师教学文化自觉的肇始，可以促进教育者教育智慧的生成，分享教育教学经验，满足教师专业发展中成人学习特点的需要。”[②]金萍认为：“说课是指教师在授课之前或授课之后，面对同行或教学研究人员，系统地谈自己的教学设计及理论依据，口头表述一节课或某一教学主题的教学设想，然后由听者评析，以便相互交流、共同提高的一种教研活动。它是教师实现备课思维显性化、教学实践理论化的过程，也是将教师的学科专业知识、教育理论知识、课堂情境知识与学生的学习知识融合一体的过程，是说清教师‘教什么’‘怎么教’和‘为什么要这样教’的过程，有利于教师梳理自己的思维逻辑和设计理论依据，同时也可以作为教师跟踪反思自己的教学实践和优化教学行为的行动研究方法。”[③]

综上可知，说课就是说课者运用系统的观点与方法，依据课程标准和相关理论思想，通过口头表达的方式，讲述自己的教学设计及理论依据的过程。即说课者阐述对教学对象、学习需求、教学内容、教学目标、教学方法、学法指导、教学程序、教学媒体、教学评价等方面的分析与设想，层次清晰地说明某课题“教什么”“怎样教”和“为什么这样教”。简单来说，说课就是说课者向他人介绍自己的课，通常说完课后，再由听课者或观课者提出改进意见，以对之前的教学设计进行修改和完善。显然，说课对提高教师的业务能力和专业水平大有裨益。

从参加对象来说，说课有集体说课和个体说课之别。根据发生时间的不同，说课可分为课前说课和课后说课两种类型。从组织形式上来分，说课包括研讨型说课、竞赛型说课和训练型说课等。

---

① 尹泳一 . 说课与辩课析[J]. 教学与管理，2012(28)：31-33.

② 李崇爱 . 说课价值的多维思考[J]. 当代教育科学，2012(24)：20-22.

③ 金萍 . 说课：教师专业发展的有效路径[J]. 中小学教师培训，2016(7)：12-15.

二、说课的基本原则

说课作为教学与研究相结合的一种活动，要遵循一定的原则进行，不能随意，也不能随性，更不能随便。大体上说，说课应遵循科学性原则、理论性原则、可行性原则、灵活性原则和创造性原则①。

（一）科学性原则

无论是说课的内容安排，还是说课的过程设计，都要体现科学性原则，这是保障说课质量的前提和基础。在内容上，安排要合理，包括说课者所陈述的内容，尤其是涉及具体的学科知识、学科方法和学科思想等，不能出现科学性错误。在过程上，一方面，要遵循学习对象所处年龄阶段的认知规律，尊重他们现有的认知水平、认知习惯和认知特点；另一方面，要依照教学说课的一般程序进行说课。具体而言，就是课程标准要把准，学情和教材分析要客观，教学媒体和教学策略选择要合理，教学目标设定要精准，教学环节设计符合课型特点、学科特点和学生特点，教学内容的难度和宽度与学生实际情况相契合。

（二）理论性原则

说课不是宣讲“教案”，也不是对课堂教学过程进行浓缩，而是要论述授课者的教学设想及其理论依据。即说课者要说清教学设计所运用的学习理论、教学理论、学科思想等，并说明是如何指导教学的。遵循理论性原则，就是要凸显理论与实践相结合的指导思想，突出说课的“说理”特征，使所述内容和过程有理有据。这表明，说课不仅要阐述“教什么”和“怎样教”，更要重点讲明“为什么这样教”，让听者清晰地了解授课者的教学设计意图和育人目标。因此，“说理”可谓说课活动的灵魂。

（三）可行性原则

“说”只是说课的表现形式和过程样态，不是说课的最终目的，“做”才是说课的价值追求。说课不能仅仅是说说而已，也不是为了说而说，而是要在实际的教学中运

---

① 叶惠良.论说课[J].教育探索，2005(1)：76-77.

行落实，这才是说课的实用价值和生命力所在。因此，说课不能停留在纸上谈兵，夸夸其谈，而要切实可行，能有效地指导教学实践。说课要具有可操作性，所说的是可做、可为的。

（四）灵活性原则

不同的说课者，其口头表达的方式不同，每个人都可以灵活地选择适合自己语言特点的阐述方式，还可以借助多媒体手段、教具、实验等来辅助说课，以增强说课的生动性、形象性和动态性。在内容的范围上，说课可以针对某一节课的内容进行，也可以围绕某一单元、某一章节的内容展开；在环节的选择上，说课可以同时说出教学对象和教材分析、教学目标的确定、教学方法的选择、学习方法的指导、教学环节的设计等全部内容，也可只说其中的一项内容，还可只说某一概念是如何引出的，或某一规律是如何得出的，或某个实验是如何设计的。这都可以根据实际情况的需要，灵活进行选择。

（五）创造性原则

说课是教师一种深层次的创造性教研活动。从这个意义上来说，说课的过程，实质也是一种创造性过程。优秀的说课者，往往注重教学设计亮点的展示，在说课过程中能充分利用自身的教学特长优势，巧妙地结合具体的教学环节，说出亮点，说出特色，让听者眼前一亮，耳目一新，甚至引起内心一震。特别是在竞赛或竞聘时的说课，突出创造性，显得尤为重要。因为创造性是说课最独特之处，是说课魅力和亮点所在，是决定说课优秀与否的关键因素。

三、说课的主要内容

“说什么”是说课活动的基本构架，属于核心部分。从整体上来说，说课的主要内容包括说课标、说教材、说学生、说学法、说教法、说教程、说板书等过程。如果是课后说课，还应包含说教学反思。具体而言，说课包括分析教材的地位和作用、学生的认知基础和特点，确定本节课的重点、难点和教学目标，选择相应的教学法和教学手段，并逐一说明。按照教学环节简述教学进程，说明课堂教学活动的组织安排，突出重点，突破难点，解释疑点和布置作业、展开板书等各项教学的操作、意图及其效果[①]。

（一）说课标

课程标准是教师开展教学活动的行动指南和根本依据，既是说课的目的又是方向，同时也包括指导。所以，说课者要精准把握课程标准对本课程内容的规范和指导，不得超越也不能降低课程标准的内容要求，并要明确本课的学科核心素养水平的培养目标，努力做到遵“法”说课、依“法”教学，从而达成本课的学业质量水平。即说课者要根据课程标准的要求，整体把握教学内容和编写意图，确定本课在整体或单元教学中的地位和作用，课标可整合到说教材环节中同时进行。

（二）说教材

教材是课程的主要载体和资源。说教材就是对教材进行分析、处理和整合，明析教学内容的地位和意义，确立教学目标、教学重点和教学难点，以及说出这样做的理论依据。说课者不但要深刻理解教材，而且要根据实际情况娴熟地驾驭教材，灵活地处理教材和巧妙地整合教材。要清楚的是，教师是“用教材教”，不是“教教材”，同时“用”也是根据教学需要有选择地“用”。教学目标、重点和难点都要依据课程标准和学习对象的“最近发展区”进行确立。

（三）说学生

说学生，实质是进行学情分析。学情分析有利于教学难点的确定，因为教学的困难不仅在于知识点的难度，更来自学生理解的困难程度。另外，学情分析也是我们选择教学方法的一个重要参考依据，如果不知道学生已经理解的东西和已有的经验的话，教师对教学策略的运用就可能不恰当或者是无效的[②]。可以说知学知情，教师说课或教学才容易做到游刃有余。一般学情包括学生已具备的知识、技能和概念，当下的学习需求和学习动机，群体和个体的思维认知特征和优势分析，学习过程可能遇到的困难和障碍等。

① 罗晓杰．说课及其策略[J]．教育科学研究，2005(2)：40-43．

② 张蕾，王希娟．“4W+C”的说课模式[J]．教学与管理，2011(27)：130-132．

（四）说学法

说学法就是阐述学生为完成学习内容和达成学习目标所要采取的方法和途径，如自主、合作、探究学习等。当然，不同的学习内容，不同的学习环节，所需要的学习方法可能都不同，学生既可以独立自主前行，也可以小组结伴前往，还可以在教师的指导下到达。人民教育家陶行知先生说："好的先生不是教书，不是教学生，乃是教学生学。"因此，说课者应说清"在本课的学习过程中，学生适宜采用怎样的学习方法来学习？这种学法的特点怎样？如何在课堂上操作？而教师要做怎样的学法指导？如何使学生在学会过程中达到会学？自己是怎样在教学中有效地融进学法指导？"

（五）说教法

教法要依据学法来选择，并通过学法来体现和完成。也就是说，教师"怎么教"应根植于学生"如何学"，"学"是决定"教"的关键因素。说教法，就是要说出"怎么教"的办法和"为什么这样教"的依据，特别是要重点述说如何突出教学重点和化解教学难点的方法或策略。虽然说教无定法，但是教还是要讲究方法的，且贵在得法。好的教法有利于学生化繁为简、化难为易，甚至"化险为夷"，从而帮助学生疏通学习路上的障碍，可以较为轻松、容易地掌握和理解学习内容。因此，教师要具有指导学生在实际学习情境（包括困境）中进行学习或学会解决学习问题所需要的方法和对策。

（六）说教程

说教程即说教学过程（也称教学程序或教学流程），这是说课内容的核心部分，是教师说课的重心所在。说课者对教学过程设计的阐述，实际上就是展示自己独特的教学安排，体现教师的教学思想、教学思路、教学风格、教学个性和教学追求。大体上来说，说教学过程包括说导入、说教学环节、说教学评价及说出相应的理论依据。导入有情境导入、问题导入、实验导入、故事导入、新闻导入、诗词导入等不同的形式，其作用就是承前启后，激活思维，激发兴趣，点燃热情。教学环节的安排，应依据教学目标、内容和学情进行布置，要体现科学性、合理性，突出趣味性和艺术性。同时，要根据反馈进行适度评价，可采用过程性评价和结果性评价、发展性评价和形成性评价相结合方式。

（七）说板书

板书作为可视的教学信息，是教师根据教学需要，用文字、图形、线条和符号等，粗略勾勒讲授提纲，直观展现教学主要内容，重点、难点，教学目标和要求的教学行为[①]。说板书时，说课者要讲清楚“板什么”“怎样板”和“为什么这样板”，即对板书的内容、设计布局和意图进行阐述。通常板书要求简明扼要，讲究重点性、简洁性和直观性，不宜过繁过杂，不要什么都板出来。板出来的内容一般是要学生加强理解和记忆的，并通过板书引起学生的注意，进行有意义学习，使知识系统化和逻辑化。总之，板书应起到“画龙点睛”的作用，而不是“画蛇添足”的效果。

（八）说反思

说反思即是说教学反思，这里主要是指课后反思，是说课者课后阐述对教学过程、结果和现象等进行反思的过程，包括对教学的重新审视、诊断、评价、追问和探究等。简单来讲，教学反思就是反思教学。说反思时，说课者可以从“教学重难点是否分析准确？教学目标的设置是否符合学生的发展水平？学生通过学习后目标达成率怎样？造成个别学生没有达到预设目标的原因是什么？有没有更好的方法提高教学效能？成功或失败的地方是什么？需要修改和注意的问题是什么？”等方面进行分析和阐述。反思要有自己的思考、感悟和发现，要有分析更要有解决的对策。

第二节　说课的评价与要求

说课作为一种有组织、有目的、有计划的教研活动，促进参与者的生命成长是其最根本的旨趣。在实际说课过程中，听者怎么知道说课者究竟说得怎么样？虽然凭感觉或感受就可以略知一二，但是仅凭感性是比较主观的，要做到客观、公正，必须从理性上进行分析和评价，即需要根据一定的评价要求进行评定说课的质量效果。

① 罗晓杰．说课及其策略[J]．教育科学研究，2005(2)：40-43..

一、说课的评价

要对说课进行评价，需要事先设计好评价表。不同的说课类型通常需要设计不同的评价表，尽管是同类型的说课，不同学校、机构、组织或教研组等，其采用的评价表往往也不同。目前，我国还没有形成统一的说课评价标准和评价表。一般来讲，说课可从说教材、说教法、说学法、说教程和教学基本功等指标，根据一定权重和评价内容及要求（如表5-1所示）进行定量评价或定性评价。

表5-1　说课的评价

评价指标	权重	评价内容及要求	分值	评分
说教材	20分	教材分析正确、透彻，说出知识的前后联系，教材所处地位及处理方法	6分	
		教学目标准确、具体，符合课程标准要求，符合学生实际	5分	
		教学重点、难点确定正确	5分	
		结合课程标准和教材，说出确定教学目标、重点、难点的理论根据	4分	
说教法	10分	选择恰当、灵活，有启发性的教学方法	4分	
		准备合适、多种教具和学具	2分	
		结合教学目标、教材特点和学生年龄特征，贴切具体地说出所选教法的理论根据	4分	
说学法	10分	说出教学内容所需要的学习方法，能教给学生合适的学习方法，能对学生进行学法指导和能力培养	6分	
		说出学法指导的理论根据	4分	
说教程	50分	教学内容和运用的思想观点科学、正确	5分	
		准确地把握教材的深度、广度、难易程度	5分	
		教学目的明确，结构合理，层次清楚	6分	
		分清主次，突出重点，抓住关键，分散难点	6分	
		教法运用恰当灵活，有创新，启发诱导得当	5分	
		体现学法指导和逻辑思维能力的培养	5分	
		直观教学、电化教学、多媒体网络教学手段运用恰当，演示正确	5分	
		练习紧扣教学目标，量度适当，具有针对性	5分	
		各环节安排的理论根据正确、恰当	8分	

续表

评价指标	权重	评价内容及要求	分值	评分
教学基本功	10分	语言流畅，准确，精练	5分	
		说课姿态自然、大方	2分	
		板书字体工整，布局合理，重点突出	3分	
总评	100分	评价结果	总分	

二、说课的要求

在说课的过程，说课者一般需要遵循一定的操作要求。从说课过程的五要素（教材、学生、目标、流程、设计）出发，卢晗君认为，说课要说“透”教材，说“准”学生，说“清”教学目标，说“明”教学流程，说“亮”教学设计[①]。如果是课后说课，说课过程还应包括教学反思这个要素。从“六要素”来说，为说课的基本要求包括说“透”教材，说“准”学生，说“清”目标、说“精”流程，说“明”亮点、说“实”反思。

（一）说“透”教材

“透”，就是要求说课者要吃透教材，达到融会贯通，使之成为自己知识体系中的一部分，能对教材的内容、编写意图、编排特点以及对应的课程标准要求等做到滚瓜烂熟，牢记于心；能明晰对应教材内容在整个教材中的地位、作用及前后知识的联系；能精准把握教学重点和难点。这是自如处理教材的基础，也是跳出教材的前提条件。

（二）说“准”学生

“准”，就是要求说课者要精准把握学生的学习需求、认知特征、思维特点和已有知识情况，体现“以生为本”的思想。同时，说课者要阐述学生在学习本课内容的过程中应采取的学习方式和依据，以及可能遇到的困难，包括教师如何指导学生化解困惑的方法与策略。

---

① 卢晗君．说课新思考[J]. 教学与管理，2013(26)：27-28.

（三）说“清”目标

“清”，就是要求说课者要把教学目标或学习目标说得清清楚楚、明明白白，使学生能够清晰地知道自己要“到哪里去”。这可以让教师明确自己的使命和职责，知道指引或带领学生到“到那里去”。目标的确立，不能太高，也不能太低。太高，学生无法实现，容易失去动力；太低，学生轻松就能做到，则很难产生成就感。因此，教师要结合课标要求、教材内容和学生实情等进行多方考虑，设置适合的目标。

（四）说“精”流程

“精”，就是要求说课者不要把整个教学过程都展示出来，尽管说流程是说课活动的核心环节，但毕竟时间有限，就算能走马观花地让教学过程“全飞”一遍，但听者如何跟得上“奔马”和“飞机”的速度？因此，说课者要对教学流程进行概括和浓缩，精炼地进行述说和阐述相应的理论依据。这就意味着说课者要对自己设计的教学过程进行整合和精选。说流程时还要注重条理性，符合思维的逻辑性，各环节的过渡要衔接自然。

（五）说“明”亮点

“明”，就是要求说课者阐明教学设计的亮点之处。教学或说课，实质上都是一种创造过程，其创意的地方就是整个教学或说课的亮点之处。有创意的课显然比没有创意的课要好，有亮点的说课肯定比没有亮点的说课要好。亮点和创意是教学设计或说课最有魅力的地方，是能否吸引和打动听者的关键。就说课活动来说，亮点和创意既可以来自教学的独特设计，又可来自说课者的独特述说。

（六）说“实”反思

“实”，就是要求说课者要进行实实在在的教学反思，不能空想，也不能妄想，更不能什么都不想。那么，什么是实实在在的教学反思？实实在在的教学反思是要“生命在场”，需以参与者、思考者、探究者的姿态来追问教学中的现象，分析其原因，寻求破解之策，不能“浅尝辄止”。反思不但可以增强教师的问题意识和思辨能力，而且能够提升教师的教学智慧和教育思想境界。

第三节 说课的案例

本章前面内容已经讲述了说课的含义、基本原则、主要内容和评价要求等，相信你对说课已经有了一定的认识。那么，如何撰写说课稿，本节选择“饮食与健康之合理膳食”“伴性遗传”“细胞增殖”三个说课稿案例供参考。

一、“饮食与健康之合理膳食”说课稿①

（一）说主题的选择

从三聚氰胺事件，“饮食与健康”已经成为人们讨论的热点。对初中生来说，他们正处在身体发育的黄金时间，选择饮食与健康这一主题能引起他们的学习兴趣。根据新课程标准，《合理膳食》这节课要指导学生了解自身的营养状况，设计营养合理的食谱，从而关注自身的身体健康，进而对饮食结构和饮食习惯进行重新审视，用科学知识指导健康生活。

（二）说学习目标

1. 知识目标

说出合理膳食的定义及要求，体质指数及计算方法。

2. 能力目标

设计营养合理的食谱；锻炼查找、整理资料的能力；以及学会合作、分享与交流。

3. 情感、态度与价值观目标

关注并学会评价自身的营养状况，用科学知识指导健康生活。

---

① 案例来源：湛江师范学院附属中学 李文送；2008年获得广东省英特尔®未来教育项目教学创新竞赛三等奖。

（三）说框架问题

1. 基本问题

健康之路应如何铺成？

2. 单元问题

一日三餐怎样设计营养搭配？饮食与健康有什么关系？合理膳食的意义是什么？

3. 内容问题

龋齿主要是由什么因素引起的？你的体质指数是多少？营养状况如何？不吃早餐有什么危害？一日三餐的营养能量比是多少？青少年存在哪些不良饮食结构和饮食习惯？

（四）说教学过程

活动		教师活动	学生活动	主要意图
活动0	观察（4分钟）	导入：用PPT课件展示七年级龋齿人数与健康人数比例图	观察：用心观察，谈谈感想或者疑惑，说出引起龋齿的因素，领悟出饮食与健康的关系	引出饮食与健康之合理膳食主题
活动1	评价自身营养状况（4分钟）	指导：指导学生参考教材17—18页，评价自身营养状况	计算与评价：根据公式，用计算机计算自己的体质指数，评价自身营养状况	使学生关注自己身体健康，激发学习兴趣
活动2	提出问题（10分钟）	组织：组织学生自主阅读教材，结合学习目标，联系生活实际，小组讨论提出问题	自主·合作学习：在自主学习的基础上，与组员讨论后提出与饮食有关的问题，发挥主体作用	改变传统课堂教学模式，创新地让学生提问，使教学以生为本
活动3	查找资料，解决问题（15分钟）	引导：对各小组提出的问题进行筛选，引导组员分工查找资料，解答问题	合作·探究学习：小组组员分工，运用网络查找资料，并整理资料，共同解决问题	运用技术，培养搜集、整理信息能力以及合作探究能力

续 表

活动		教师活动	学生活动	主要意图
活动4	展示成果（10分钟）	组织与评价：组织各小组代表展示合作探究的成果，并给予合理的评价	展示：借助多媒体平台，展示小组合作探究的成果	学会与他人分享和交流信息
活动5	课后任务（2分钟）	评价：分层布置课后作业，课后进行相应结果评价，充分肯定学生的表现	作业与评价：课后完成作业，用学习过程评价表、演示文稿评价工具、网站评价量规等参与评价	对作业进行分层，使每一位学生都得到发展，都充满希望。肯定学生的努力，用评价促进发展

（五）说实践后反思

本节课是根据新课程标准设计教学的。在教学过程中，技术起到了“助学助教”的作用，提高了课堂教学的有效性。在目前我国的教育背景下，必须融入学科课程的课堂教学才能发挥最广泛的作用。《饮食与健康之合理膳食》是一堂生物学课程的课，整体上来看，本节课的教学体现了新课程的教育理念，并把“创新”融汇教学中，具体体现以下方面：

1.活动贯穿整个教学过程

纵观整个教学过程，共设计有观察、评价自身的营养状况、提出问题、查找资料解决问题、展示成果和课后任务等六个活动。在活动中，学生积极参与课堂教学，成为学习的主体。他们在参与中提高了认识，锻炼了能力，学会交流与分享，并在活动中懂得合理膳食的重要性，也学会用科学知识指导健康的生活。

2.把控制生命的课堂变成了激活生命的课堂

在传统课堂教学模式下，教师往往是根据教学设计传授知识，提问学生，然后根据学生回答的情况了解学生对所传授的知识的掌握程度。在这种模式下，学生的任务就是在课堂上用耳朵听，用眼睛看黑板和教材，用手记笔记，等待老师提问然后回答。这样的教学，实际上就是知识的简单搬运过程，是教师知识的复制过程，学生被处在一个考生的角色，只能答考题，不管你喜欢不喜欢，想不想知道。在这过程中，是以教为本，以考为标杆，容易扼杀学生的个性，老师关注的是学生掌握了多少所传授的知识，能考多少分，这无疑是一种控制生命的教学。而本节课由始至终都是从学生角度出发，关注学生心里所想，鼓励学生敢于提出问题，师生共同解决，使教学体现以生为本，成为激活生命的课堂。

3.师生互动和生生互助结合，构建和谐课堂

课堂中的角色是教师和学生，和谐的课堂需要教师和学生有效的互动。这节课，教师扮演的角色是学习活动的组织者、引导者、鼓励者，而学生是学习的主角。在互动的过程中，教师引导学生去发现问题，提出问题，如在“活动0”和“活动2”中。对有些值得学生合作探究的问题，教师鼓励其他学生帮忙解决。学生在听同伴的解答时，尤其认真，同伴效应使互动更加有效。这样老师轻松了许多，而学生也学得愉快。通过这次我们已经认识到，新课程背景下的课堂教学中，师生的互动很重要，若能结合鼓励生生互助，效果更好，更有利于构建和谐课堂。

4.自主、合作、探究学习融为一体，分层教学思想画龙点睛

在学生学习方式方面，教师精心设计了让学生可以把新课程倡导的自主、合作、探究等三大学习方式融于一堂课中，如“活动0”和“活动1”主要采用自主学习，“活动3”和“活动4”主要运用合作和探究学习方式。最后，考虑学生之间存在的差异，在作业布置上进行了分层，旨在因材施教，使每一个学生都得到发展，都充满希望。

二、“伴性遗传”说课稿①②

（一）教材分析

1.教材的地位和作用

本节内容包括了伴性遗传的概念、人类红绿色盲症、抗维生素D佝偻病和伴性遗传在实践中的应用4个教学知识点。本节是以《义务教育教科书 生物学 八年级 下册》“人的性别遗传”及上一节果蝇的杂交实验中有关的性染色体知识为出发点，以基因的分离定律为依据，在学习了减数分裂的基础上安排的，因此研究伴性遗传传递规律是

① 案例来源:辽宁大连理工大学附属高中 傅忠扬。

② 傅忠扬.“伴性遗传”说课稿[J].中学生物学，2011，27(5)：37-38.

对遗传定律的应用和深化。通过对人类红绿色盲症和抗维生素D佝偻病的分析讨论，进一步明确基因与性染色体的关系及基因分离定律的实质，还可为人类遗传病的学习打下基础。

本节红绿色盲的发现内容也是对学生进行情感教育、提高生物科学素养的好材料。同时，“问题探讨”“资料分析”“遗传特点分析及应用“等内容能培养学生探究、交流、独立分析问题、解决问题的能力及获得研究生物学问题的方法。因此，本节内容是尽显课程理念的极佳素材。

2. 教学目标

本节在课标中的要求为概述伴性遗传，为理解水平，结合本教材的特点和学生的实际情况，确定如下教学目标：

（1）知识目标：说出伴性遗传的概念（了解水平）；概述伴性遗传的特点（理解水平）；举例说出伴性遗传在实践中的意义（了解水平）。

（2）能力目标：运用资料分析的方法，总结人类红绿色盲的遗传规律。

（3）情感、态度与价值观目标：体验科学探究的过程、成功的乐趣。

3. 教学重点和难点

（1）教学重点：概述伴性遗传的特点。

（2）教学难点：分析人类红绿色盲的遗传。

（3）确定依据：理解伴性遗传的特点有助于真正领悟遗传定律的本质，有助于学生将知识应用于生产实践。因为学生对遗传知识掌握有限，仅仅根据提供的一份红绿色盲家谱图及XY染色体结构图，就判断出色盲基因的位置，分析出遗传方式并归纳遗传特点，是不太容易的，因此把探究人类红绿色盲的遗传确定为难点分析。

（二）学情分析

通过前面的学习，学生已具备知识基础、能力基础，以及情感、态度与价值观基础。

（1）知识基础：人的性别遗传、孟德尔的两大遗传定律及细胞学基础、基因和染色体的关系。

（2）能力基础：具备了一定的观察、比较、分析、推理、获取信息及探究能力。

（3）情感、态度与价值观基础：乐于合作、探究、实事求是的态度。

（三）教法、学法分析

1. 教法

根据教学目标、教材特点、学生的认知特点、现实情况及新课程理念，确定本节教学方法为“教师创设情境的纯思维探究”模式。即以情境（任务）驱动学习，以引导、合作、探究为主旋律并辅以讲授法、谈话法、读书指导法等，借助多媒体手段，通过创设问题情境、引导思维、让学生相互交流，相互评价，突出学生的主体地位，避免学生学而不思，思而不深，以提高学生知识、能力、情感三维度的生物科学素养，体现新课程所倡导的探究式学习的教育理念。

2. 学法

通过观察、讨论、分析去发现知识，逐步培养自主学习的习惯和能力，通过探究活动和课上的交流，体验知识获得的过程，感悟科学探究的方法，体会同学间合作的魅力，尝到探究性学习的乐趣。同时也提高了学生分析问题的能力、语言表达能力，并进一步掌握科学探究的一般方法。

（四）教学过程

1. 创设情境、导入新课

教师展示红绿色盲检查图，让学生识图辨认，以吸引其注意力，激发其学习兴趣。然后告诉学生有一位科学家就辨认不出这些图像，从而引出道尔顿发现色盲症的故事。教师启发思考：从道尔顿发现红绿色盲的过程中获得什么启示？道尔顿和弟弟的色盲基因是谁传下来的？借此进行情感教育并引导学生进入理性思维，顺利过渡到本课难点“探究红绿色盲的遗传方式”的学习。

2. 引导探究、分析讨论

（1）探究红绿色盲的遗传方式。播放一则关于红绿色盲的新闻，展示“资料分析”

中的红绿色盲系谱图，讲解系谱作用，让学生认识系谱。提出问题：为什么患者大都是男的？色盲遗传和什么有关？性别是由什么决定的？设计意图：思维是从疑问开始的，用上述问题搭建平台，学生很快就会进入积极思维的状态。展示男女染色体显微图片，引导学生观察。对比分析：明确常染色体的形态相同并突出性染色体的形态不同。介绍结构：板图男女性染色体的构成，认识X和Y的同源段和非同源段。突显基因：同源段的同一位置基因成对，而非同源段的基因则是X或Y特有的。

本节课主要来探讨这类基因的传递规律。提出问题：色盲基因是位于X还是Y染色体呢？基因有显性和隐性，色盲基因属于哪一种？小组讨论遗传方式，并进行汇报。设计意图：分组讨论可以做到人人参与，主动合作有利于学生省时高效的发现问题，全面深度思考。讨论中教师可以适时引导学生：假设致病基因在Y染色体上，会如何？为什么Ⅱ代3号和5号有色盲基因而没有表现出色盲症？正确的理解还要有清晰的思维才能将知识准确表述。因此，小组汇报既是对学生分析、归纳、阐述能力的训练过程，也是教师了解学生、发现问题、纠正错误的良好机会。

（2）探究红绿色盲的遗传特点。基因型分析。设疑：这个家系中，显示的红绿色盲患者都是男性，女子可能患病吗？借用此问题，教师出示人的正常色觉和红绿色盲的基因型和表现型表格，学生应能顺利完成，并总结出六个婚配方式。接下来进入本节课重难点的教学：探究红绿色盲的遗传特点。书写婚配图解。教师选出四个具有代表性的婚配方式，来分析其遗传特点。将学生分四组，每组书写一个，完成四个婚配图解。此过程中要提醒学生遗传图解的规范书写，强调性染色体上的基因也遵循孟德尔的遗传规律。探讨归纳特点，让学生分组讨论各种婚配方式的遗传图解，同时设置问题串：色盲基因在性别间是如何传递的呢？为什么不能由男性传给男性？男性的色盲基因怎样才能传给男性呢？从图解看，色盲在男女中的发病情况怎样？你是否能从基因和染色体的角度加以解释？选出代表讲解结果。教师巡视了解学情，指导分析及时纠错，引领学生分析色盲的遗传规律，得出结论。设计意图：采用引导探究的方法来突破重难点，这样的安排有助于帮助学生牢固掌握遗传图解的书写要求，深入体会孟德尔遗传定律的应用，有充分的时间对色盲遗传的特点进行思考，培养学生发现、讨论、总结的能力。层层递进的问题帮助学生理清了知识脉络，既突破了重点，又加深了难点，活跃的课堂氛围，积极主动的思考合作，凸显了学生的主体地位。出示情境：在人类中还有一些病也有红绿色盲的传递特点，如血友病，简单介绍英国的维多利亚女皇家系中血友病遗传情况，以拓宽视野，让学生了解血友病，加深对X染色体隐性遗传病的理解。性染色体基因控制的病症都是男性居多吗？从而引出抗维生素D佝偻病遗传。

（3）探究抗维生素D佝偻病遗传特点。展示资料，提出问题：抗维生素D佝偻病患者以女性居多，这是为什么呢？让学生尝试用红绿色盲的分析思路来分析总结X染色体显性遗传病的特点。

（4）探究Y染色体的遗传特点。出示情境：人类有一种病叫外耳道多毛症，只在男性表现，你能运用本节所学的知识加以解释吗？引出只位于Y上的基因的传递特点。设计意图：让学生在两次探究中加深对所学知识的理解和应用，以培养学生知识迁移能力。

（5）归纳及应用。总结性染色体上基因的遗传方式，引出伴性遗传的概念，自然达成第一目标。设计意图：学习的目的是学以致用，如何引导学生将遗传学原理用于实践，解决生活中的遗传问题，促进知识和能力的同步发展呢？我设置了以下两个问题。提出问题：如果夫妻一方是色盲或抗维生素D佝偻病患者，另一方正常，选择如何生育才能生出一个健康的孩子？小组讨论，达成共识，提出方案；展示鸡的性别决定方式、鸡的芦花和非芦花性状。引导：根据伴性遗传的特点。提出问题：能否用某种简单的方法把雌雄区分，从而多养母鸡多得鸡蛋？进而可以让学生了解到生物界性别决定的方式，不只是XY型还有其他类型，如ZW型。

3. 小结

结束语：学习好伴性遗传的知识，不仅能指导我们的生产实践创造更多的物质财富满足人类生活的需要，而且有利于指导人类优生优育，从而提高人口素质。

教师以知识网的形式总结本节课的知识，学生依照框架回顾并强调本节课的重难点，同时提出：只位于X、Y染色体上的基因遵循遗传定律，其表现的性状与性别有关，那么位于X、Y同源区段的基因是否也遵循遗传定律，表现的性状与性别有关吗？让学生课下思考讨论。这样的问题有助于帮助学生更全面地了解性染色体上基因的传递规律，对遗传定律有更深入的认识。

三、“细胞增殖”说课稿[①②]

（一）说教材

1. 分析教材

“细胞增殖”是《普通高中教科书 生物学 必修 1分子与细胞》（人民教育出版社）模块的第6章第1节的内容。这一节分3个课时，下面的说课内容是第2课时。本节内容是在学生学习了细胞的物质组成、结构和功能之后，进一步学习细胞的产生过程，教材在模拟探究细胞不能无限长大的原因的基础上，介绍细胞增殖的意义和方式，重点介绍有丝分裂的细胞周期和高等植物细胞有丝分裂的具体过程及特点。本课中有丝分裂是学生以后学习减数分裂和遗传规律的前提，也是学习DNA复制和遗传信息传递的基础。有丝分裂是本章乃至整个模块的重点和难点。

2. 分析教学目标

（1）知识目标：说出真核细胞增殖的意义和方式；说明细胞增殖的周期性；概述植物细胞有丝分裂的具体过程。

（2）能力目标：通过探究有丝分裂过程中染色体变化规律，构建染色体、核DNA数量变化的数学模型。

（3）情感、态度与价值观目标：通过有丝分裂的学习，感受生命的运动性。

3. 分析教学重难点

（1）教学重点：真核细胞有丝分裂细胞周期的概念；高等植物细胞有丝分裂的过程。

（2）教学难点：真核细胞有丝分裂过程中，染色体、核DNA变化规律。

（二）说教法

1. 学情分析

从生物学基础来看，学生已经知道了细胞是通过分裂产生新细胞，但还仅仅停留

① 案例来源：重庆市万州第三中学 眭庆华，重庆市万州五桥中学 程勇。

② 眭庆华，程勇.“细胞增殖（第二课时）”说课稿[J]. 中学生物学，2016，32（10）：27-28.

在结论水平上，未提及具体过程。通过前五章的学习，学生已了解了细胞的结构及功能，这为本节内容的学习提供了良好的基础。从心理学角度来看，高一学生意义识记开始占主要地位，抽象逻辑思维正处于发展成熟中，这些使得学生具备了学习本节内容的能力。

2. 教法设计

高一学生的认知水平还不够完善，而本节内容较抽象，学生又没有直接的生活经验。因此采用直观演示法、模拟探究法进行教学。在本课中直观演示法主要是在教学中利用多媒体课件演示有丝分裂过程，化静为动，化抽象为形象，帮助学生建立感性认识。模拟探究法主要让学生自己动手制作模型，并在此基础上引导学生观察、思考、讨论、交流，最后形成结论。这种教学设计遵循了“教学做合一”的教育理念，体现了“教为主导、学为主体”的教育思想。

（三）说学法

学法指导的目的在于让学生愿学、乐学、主动学、会学，因此教授该课时采用学案导读法、合作探究法进行学法指导和能力培训。即利用学案引导学生阅读教材，明确学习目标，初步了解本课内容。在突破教学难点时，让学生分组合作、自主探究，尝试发现染色体和 DNA 的变化规律，从而增强学生分析问题和解决问题的能力。

（四）说教学过程

1. 新课导入

通过前面的模拟探究实验，学生知道了细胞不能无限长大的原因：受相对表面积和细胞核的限制。生物体既然不能靠细胞无限长大来生长发展成现在这么大的一个规模，那靠什么呢？靠细胞数目的增多，即细胞增殖。

2. 自主学习

学生按照学案阅读教材，根据自身情况选择独立或者合作完成基础知识梳理。这一步骤旨在让学生对本课的重难点内容形成大体的轮廓。

3. 重点解析

细胞周期的概念是本节课的重点内容之一。概念本身并不难，只是学生常常忽视其中的一些关键语句从而导致对细胞周期的概念理解不够透彻。教师讲解时强调理解这一概念，应注意三个方面：细胞周期的前提条件、细胞周期起始点和终止点。接着引导学生对这一概念进行拓展应用：将细胞周期的概念转换为两种不同的图形，请学生分析两图中的分裂间期、分裂期、一个完整细胞周期的表示方法。这样既可以培养学生的识图能力，又能加深对细胞周期概念的理解。

高等植物细胞有丝分裂的具体过程是本课的重中之重。在以往的教学中，学生反映其过程抽象、微观，难以理解。过程中涉及的概念较多，对染色质、染色体、姐妹染色单体之间以及细胞板和赤道板之间容易混淆。为重点解决好这两个问题，教师采用了以下的方案：首先利用 Flash 动画演示植物细胞有丝分裂的完整过程，形成初步印象；再分期进行演示，同时与学生一起归纳总结各个时期的特点，并以顺口溜口诀的形式介绍给学生，方便记忆。从动画中，学生可以直观、生动地了解植物细胞有丝分裂的过程，将教材上静止的图片还原为细胞分裂的动态变化，让学生感受到细胞分裂的连续性和动态性，有利于形成深刻的感性认识。演示动画的同时，教师提示学生仔细观察染色体的形态变化，然后结合黑板简笔画，对染色质、染色体、姐妹染色单体这一组概念进行对比分析；通过对比中期、末期细胞图像，结合教材内容，说明赤道板只是一个虚拟的平面，而细胞板是一种具体的物质结构。这样完成对两组易错易混概念的辨析。

4. 疑难探究

有丝分裂过程中最难理解的内容莫过于染色体的形态变化及染色体、DNA 的数量变化规律。为了突破这一难点，所以设计了疑难探究环节。首先学生以小组为单位分三步进行探究。

（1）模拟探究染色体的形态变化：要求学生以一条染色体的变化为例，制作各时期的染色体模型。模型制作完成后要求学生按正确的顺序摆放。

（2）利用第一步制作的模型，探究含有 2N 条染色体的细胞进行有丝分裂时，各时期的染色体、DNA 的数量，并将探究的结果填写在学案中的表格里。

（3）根据表格中的数据，总结染色体、DNA的数量变化规律，绘制有丝分裂过程中染色体、DNA的数量变化曲线。

小组探究结束后，进行成果汇报（展示一部分学生制作的染色体模型及绘制的染色体、DNA含量变化曲线图）。可以发现，有些小组的探究结果中还存在或多或少的错误，因此，可以先让各小组之间进行交流，相互评价、修改，然后教师从中选择具有代表性的成果进行分析、讨论，最后形成正确的结论。至此新课学习部分全部结束，重点和难点内容得到了较好的解决和突破。

5. 归纳总结

对本课的重点内容，植物细胞有丝分裂的过程进行梳理，帮助学生归纳总结形成较为系统的知识网络。

6. 反馈应用

为进一步加深学生对本课重点和难点内容的理解和记忆，设置与细胞周期、DNA含量变化、植物细胞分裂过程有关的三道习题进行练习，以达到巩固提高的目的。

（五）说教学反思

本节课教学内容十分抽象、微观，学生学起来感觉比较困难。因此，教师要注重课程资源的选择、整合和优化。首先，利用学案明确学习目标、梳理基础知识，形成大体轮廓；其次，通过演示动画让学生感受细胞分裂过程的动态性和连续性；再次，染色体模型的应用又克服了多媒体手段转瞬即逝的弊端；最后，用口诀帮助记忆和掌握有丝分裂各个时期的特点。这些课程资源能较好地化难为易，化抽象为形象，取得良好的教学效果。同时，教学过程充分发挥了学生的主体作用，进行探究学习、自主学习和合作学习，有利于促进学生学习方式的转变。

第六章

课程教学

【导读】 课程教学的根本宗旨是育人，是促进学生和教师的生命成长，这就决定了课程教学要具有科学性和教育性，杜绝错误性和盲目性。要使课程教学更具科学性和教育性，对课程教学进行预设是必须的。所以，要上好生物学课，应先走进中学生物学课程，尤其是要掌握其变化，然后根据新变化进行教学的新设计，并能通过最适合的方式进行课堂实施或阐述。

第一节 走进中学生物学课程

走进中学生物学课程，应先从现行的生物学课程标准入手。生物学课程标准是规定生物学课程性质、基本理念、课程目标、课程结构、课程内容、学业质量、实施建议等的教学指导性文件，对上述内容都有明确的界定和指导意见。下面重点介绍生物学课程标准的修订、亮点和教学取向，即从课程标准的维度走进中学生物学课程。

一、中学生物学课程标准的修订

在《全日制义务教育生物课程标准（实验稿）》（以下简称“课程标准（实验稿）”）的基础上，《义务教育生物学课程标准（2011年版）》（以下简称“课程标准（2011年版）”）在前言、课程性质、课程基本理念、课程目标、课程内容、实施建议和附录等方面进行了修订。

（一）基本框架

“课程标准（2011年版）”的基本框架包括前言、课程目标、课程内容、实施建议以及附录。设计的思路基本上和“课程标准（实验稿）”相同，但有“增、删、改、调”修订：

1.增

如前言部分“课程理念”改为“课程基本理念”，“设计思路”改为“课程设计思路”

2.删

如课程目标部分删除原小标题“课程总目标”和“课程具体目标”，又如删除“具体内容标准”中的“标准”。

3.改

如“课程内容”是由原来“内容标准”更改而成。

4.调

如把原来“内容标准”中十个一级主题后的案例调整到附录，在附录中新增“附录1教学与评价实例”，原“学习目标的说明”调整为附录2，以及实施建议部分将“课程资源开发和利用建议”和“教材编写建议”的编写顺序对调，即前者在后，后者在前。

（二）前言部分

在成就方面，“课程标准（实验稿）”指出：“生物科学是自然科学中发展最为迅速的科学之一。生物科学研究在20世纪取得了许多重大突破，例如DNA分子结构和功能的揭示……人类基因组计划的实施等，这标志着21世纪人类将进入生物科学技术的新时代。”“课程标准（2011年版）”修订为“生物科学从20世纪中叶以来发展极为迅速，取得了许多重大突破。例如，DNA分子双螺旋结构的发现……人类基因组计划的完成等，这些都标志着21世纪人类已进入生物科学和生物技术的新时代。”修订后的表述更加合理，体现与时俱进的精神。

在地位方面，“课程标准（实验稿）”中提到：“生物科学在解决人口增长、资源危机、生态环境恶化等诸多问题方面发挥的作用越来越大，有力地促进了现代社会文明的发展。”“课程标准（2011年版）”突出强调生物科学和生物技术具有以上的作用。这反映了生物科学的发展离不开生物技术的革新与进步。

在期望方面，“课程标准（实验稿）”期望的是“使每一个学生通过学习生物，能够对生物学知识有更深入的理解……”而“课程标准（2011年版）”不仅删除了“并增加实践环节”，且期望的是“每一个学生通过学习，能够对生物学产生更浓厚的兴趣”。这突出了学习兴趣培养的重要性，还减低了学生的学业难度，因为不需“有更深入的理解”，只要“产生更浓厚的兴趣”。此外，“课程标准（2011年版）”还对学生提出了新的期望，即提高“科学精神”和“环境意识”。

（三）课程性质

在“课程标准（实验稿）”基础上，“课程标准（2011年版）”对课程性质的阐述增加：“生物科学有着与其他自然科学相同的性质……义务教育阶段的生物学课程是自然科学领域的学科课程，其精要是展示生物科学的基本内容，反映自然科学的本质。

它既要让学生获得基础的生物学知识，又要让学生领悟生物学家在研究过程中所持有的观点以及解决问题的思路和方法。生物学课程期待学生主动地参与学习过程……发展终身学习的能力。学习生物学课程是每个未来公民不可或缺的教育经历，其学习成果是公民素养的基本组成。”这样的课程性质描述更加详细，更具学科特色，使人更容易认识生物学这门课程。同时，也突出生物学课程的理科属性和主动学习的要求，强调了其科学的属性，并从知识、观念和技能三个维度描述了课程的任务和体现理科课程特点的教学途径①。

（四）课程基本理念

“课程标准（2011年版）”在继承“课程标准（实验稿）”三大课程理念的基础上增加了内容，如在“面向全体学生”中增加了“所有的初中学生都需要学习生物学，也可以学好生物学”，这说明学习生物学是初中学生的需要，即强调了课程学习的义务性；同时，也说明初中学生具有学好本课程的能力，即义务教育生物学课程的难度符合初中学生的认知水平。此外，在论述“倡导探究性学习”的课程理念时，“课程标准（2011年版）”增加了“科学探究既是科学家工作的基本方式，也是科学课程中重要的学习内容和有效的教学方式”和“（本课程）帮助学生领悟科学的本质”。这些新增的内容与“义务教育阶段的生物课程是国家统一规定的、以提高学生生物科学素养为主要目的的必修课程，是科学教育的重要领域之一”相吻合。

（五）课程目标

在课程目标的论述中，“课程标准（2011年版）”增加了“创新意识”并调整了“生活”“生产”的位置，即学生要“初步形成生物学基本观点、创新意识和科学态度，并为确立辩证唯物主义世界观奠定必要的基础”和“获得生物学……基础知识，了解并关注这些知识在生活、生产和社会发展中的应用”。在具体目标中，“课程标准（2011年版）”首先指出实现具体目标是作为课程的学习成果，然后分别把“生物多样性”“鉴别”写进“获得有关生物体的结构层次、生命活动、生物与环境、生物进化以及生物技术等生物学基本事实、概念、原理和规律的基础知识”的知识目标中和“刁

① 刘恩山．在教学中实现主动探究学习与凸显重要概念传递的对接——《义务教育生物学课程标准》修订思路和要点[J]．生物学通报，2012，47（3）：33-36.

步具有收集和利用课内外的图文资料及其他信息的能力”的能力目标中，还将“培养爱祖国、爱家乡的情感，增强振兴祖国和改变祖国面貌的使命感与责任感”中的“培养”改为“形成”，从而和“学习目标的说明”中情感性目标行为动词相一致。

（六）课程内容

“课程标准（2011年版）”从课程内容的十个一级主题中筛选出50个重要概念，并且结合初中学生的认知特点和学习要求，改变过去用“行为动词+术语”的传递方式，以概念内涵的形式进行了表述。刘恩山指出：“虽然使用术语和概念内涵陈述的方式都可以在教学中传递概念，但是在课堂教学中，两者在概念传递中的作用不尽相同。已经有研究表明，用概念内涵陈述的方式来表述概念有利于教师在教学中把握教学要求，并向学生传递概念。”[①]生物学重要概念处于学科中心位置，包括了对生命基本现象、规律、理论等的理解和解释，对学生学习生物学及相关科学具有重要的支撑作用，凸显重要生物学概念是“课程标准（2011年版）”最大的亮点。因此，“课程标准（2011年版）”的实行，必将会引领初中生物学概念教学的开展和研究。

“课程标准（2011年版）”还通过修订（增、删、改）部分内容，使之更符合初中学生的认知发展水平，更明确学习的难度和宽度，从而降低课程学习的难度，有利于减轻学生的学业负担，体现了国家提出的“减负”精神。其中，在“科学探究”主题中，《标准（2011年版）》强调：“理解科学探究和科学探究能力的形成需要学生亲历探究性学习的过程”，并进行以下修订：①增，理解科学探究增加“需要对证据、数据等进行分析和判断”和“设置对照实验，控制单一变量，增加重复次数等是提高实验结果可靠性的重要途径”，发展科学探究能力增加“收集证据”；②删，理解科学探究删除“调查”，从而明晰“科学探究需要通过观察和实验等多种途径来获得事实和证据”；③改，理解科学探究把“正确地表达”改为“利用多种方式呈现证据、数据，如采用文字、图表等方式来表述结果”，把“实施计划”中的“评价数据”改为“尝试评价证据、数据”，把“得出结论”中的“处理数据”改为“分析和判断证据、数据”，以及把“表达交流”中的“撰写探究报告”改为“写出探究报告”。以上修订，使描述更加具体和更具有指导性，能够使学生更好地理解科学探究和发展科学探究能力。

① 刘恩山．中学生物学教学中概念的表述与传递[J]．中学生物学，2011，27(1)：3-5.

在“生物体的结构层次”主题中，“课程标准（2011年版）”修订的情况包括：①增，增加了“共同完成某种生理功能的器官可以形成系统”的内容和在相应位置添加“系统”；②删，删除器官的作用“完成特定的生理功能”、删除“具体内容标准”中的“标准”以及把“模仿制作临时装片”中“模仿”删除，这就要求学生是“制作”而不是“模仿制作”临时装片，可见对学生的实验能力要求有所提升；③改，把“细胞的分裂、分化和生长是细胞重要的生理活动”中的“生理活动”改为“生命活动”，把具体内容“细胞是生命活动的基本单位”中的“说明”改为“说出”，表明学生在学习使用显微镜观察细胞的过程中，只需要说出显微镜的基本构造和作用，不再要求能从光学和成像原理的角度加以说明，这不仅降低了学习要求，而且更符合还没有学习物理相关知识的七年级学生的知识水平。

在“生物与环境”主题中，“课程标准（实验稿）”在“生物的生存依赖一定的环境”的活动建议中提出：“捕捉鼠妇（或蚯蚓等），在实验室条件下探究鼠妇（或蚯蚓等）的生活环境。”“课程标准（2011年版）”则修订为“通过室外观察和室内实验，探究影响鼠妇（或蚯蚓等）分布的环境因素”，并将“生物与环境组成生态系统”中的具体内容“解释某些有害物质会通过不断积累”中的行为动词“解释”改为“举例说出”，从而将“理解水平”调整为“了解水平”。

在“生物圈中的绿色植物”主题中，“课程标准（2011年版）”修订的内容是删除“绿色植物是生物圈中作用最大的一类生物”这句内容和在“说明绿色植物的生活需要水和无机盐”中增加“为班级或家庭中的植物浇水、施肥”活动建议。这样的活动建议非常贴近学生的生活实际。

在“生物圈中的人”主题中，“课程标准（2011年版）”修订的地方包括：①增，在“关注食品安全”具体内容中增加“调查当地有关食品安全问题的实例”活动建议，这应是针对当前社会频繁出现的食品安全事件而提出的，以及在“概述尿液的形成和排出过程”具体内容中增加“收集有关肾透析、肾移植方面的资料”活动建议；②删，分别把“教师应……引导学生开展人和生物圈关系的多种探究活动”中的“人和生物圈关系的”“观察蛙蹼或小鱼尾鳍内血液流动现象”活动建议中的“蛙蹼或”和“制作小肠壁结构的模型”案例删除；③改，把“认识人类依赖的自然环境和人为环境都是生物圈的组成部分”中“人为环境”改为“人工环境”，把“探究不同食物的热价”活动建议改为“探究几种食物热价的差异”，以及把“探究某种动物条件反射的形成过程”活动建议改为“观察人或动物的某些反射活动，说明其意义”，即把“运用水平”调整为“理解水平”。

在“动物的运动和行为”中，“课程标准（2011年版）”修订的内容较少，只是把“观察周围环境中动物的行为”活动建议改为“观察动物的不同行为”。

在“生物的生殖、发育与遗传”中，“课程标准（2011年版）”修订的内容是删除具体内容“描述鸟的生殖和发育过程”中“有条件的地方组织学生参观养鸡场，了解鸡的产卵、孵化过程”活动建议。

在“生物多样性”主题中，“课程标准（2011年版）”进行了增加和改动部分内容的修订，首先，在论述生物多样性中增加“生物多样性对维护生态平衡具有重要作用，保护生物多样性对于人类的生存和发展具有重要意义”内容、在“概述植物（如藻类植物、蕨类植物、种子植物等）的主要特征……”中增加“苔藓植物”、在“概述无脊椎动物类群（如环节动物、节肢动物等）的主要特征……”中增加“腔肠动物、扁形动物、线形动物、软体动物”、在“概述脊椎动物类群（如鱼类、鸟类、哺乳类等）的主要特征……”中增加“两栖类、爬行类”，从而使生物多样性更加完善，同时使学生认识到生物多样性的重要性。其次，把“依据一定的标准，各种生物可分成不同的类群”改为“依据一定的特征，可将各种生物分成不同的类群”，把“生物多样性是生物进化的结果”改为“生物多样性是生物亿万年进化的结果，是大自然的宝贵财富”，以及把“形成生物进化的基本观点”中“形成”行为动词改为“认同”，将“领悟水平”降为“反应水平”。

在“生物技术”主题中，“课程标准（实验稿）”提出“运用食品保鲜的一般方法”的具体内容标准和“探究食品保鲜方法”；“课程标准（2011年版）”修订为“运用适当的方法保存食品”的具体内容和探究食品保存的方法，相应的实例也由“探究食物保鲜方法”改为“探究防止食物腐败的方法”。

在“健康地生活”的主题中，“课程标准（实验稿）”对“健康”定义为“健康是指一个人有良好的身体和精神以及社会适应状态”；而“课程标准（2011年版）”定义为“健康包括人的身体健康、心理健康以及良好的社会适应状态”，即把“心理健康”纳入健康的范畴，也预示着生物学教学要关注学生的心理健康，使学生在学习生物学的过程中得到健康快乐地成长。此外，“课程标准（2011年版）”还把“举办青春期教育的板报”活动建议中的“举办”改为“设计”并把“有条件的地方收集（包括从报纸、书刊、网络）有关艾滋病的资料”修改为“收集（包括从报纸、书刊、网络）有关艾滋病的资料或参与预防艾滋病的宣传”。

二、中学生物学课程标准的亮点

与《普通高中课程方案（2017年版）》相配套的《普通高中生物学课程标准（2017年版）》（以下简称“课程标准（2017年版）”）的颁布，标志着我国高中生物学教学迎来新的变革。从2003年《普通高中生物课程标准（实验稿）》（以下简称“课程标准（2003年版）”）到“课程标准（2017年版）”的发布，历时15年。期间，教育部于2013年启动普通高中课程修订工作，总结课程改革经验，借鉴国内外课程改革优秀成果，对新的课程方案与课程标准进行完善，于2016年9月公布《普通高中生物学课程标准（征求意见稿）》。在此基础上，依据和落实十九大精神及其教育思想，对原有内容进行了适度调整，并于2018年1月16日由教育部统一对外发布“课程标准（2017年版）”。新的课程方案和课程标准都进行了非常大的革新，更加突出了学科特色，充分体现了学科育人导向，明显增强了思想性、科学性、时代性和整体性。

“课程标准（2017年版）”凝练了学科核心素养、聚焦了生物学大概念、更新了课程的基本理念、整合了生物学课程目标、优化了课程结构与内容、新增了学业质量及水平等六大亮点[①]。初中生物学课程标准即“课程标准（2011年版）”有五大亮点：课程的定位更加科学、凸显概念内涵的传递、全面倡导探究性学习、降低课程学习的难度和引领专业发展的方向[②]。

（一）凝练了学科核心素养

纵观“课程标准（2017年版）”，学科核心素养贯彻课程性质、课程基本理念、课程目标、课程内容、学业质量、教学与评价等各个方面。可以说，凝练生物学科核心素养是“课程标准（2017年版）”最大的亮点和最有学科特色的一次革新。

① 李文送.《普通高中生物学课程标准(2017年版)》六大革新[J].中学生物教学，2018(5)：17-20.

② 李文送.《义务教育生物学课程标准(2011年版)》的五大亮点[J].中学生物教学，2013(3)：26-28.

所谓“学科核心素养”，是指学生通过学科学习而逐步形成的正确价值观念、必备品格和关键能力。学科核心素养既是学科育人价值的集中体现，又是“中国学生发展核心素养”在学科中的具体化和生动体现。“中学生物学课程在学生核心素养发展方面的基本价值，是让学生形成基本的生命观和生物学基本观点，提升科学素养。既要让学生建立生物学核心概念，以达成对生命的理解，又要让学生参与科学探索的实践，体验生物学知识的形成过程、感悟生物学思想、方法，建立对生物学的理解。在此基础上，引导学生进一步理解自然，形成科学态度养成科学精神，为学生未来在个人生活与社会参与时奠定素养基础[①]。”

“课程标准（2017年版）”不仅凝练了生命观念、科学思维、科学探究和社会责任等四大生物学学科核心素养，而且都给出了明确的定义：“生命观念是指对观察到的生命现象及相互关系或特性进行解释后的抽象，是人们经过实证后的观点，是能够理解或解释生物学相关事件和现象的意识、观念和思想方法；科学思维是指尊重事实和证据，崇尚严谨和务实的求知态度，运用科学的思维方法认识事物、解决实际问题的思维习惯和能力；科学探究是指能够发现现实世界中的生物学问题，针对特定的生物学现象，进行观察、提问、实验设计、方案实施以及对结果的交流与讨论的能力；社会责任是指基于生物学的认识，参与个人与社会事务的讨论，作出理性解释和判断，解决生产生活问题的担当和能力。”

就生命观念、科学思维、科学探究和社会责任来说，它们都不是生物学科所特有的素养，而应是科学课程所共有的素养，生物学只是科学课程之一，所以这四大学科核心素养是跨学科的，但课标从生物学科的视角进行了学科定义，就赋予了独特的生物学学科内涵色彩和生命气息。

“生物学核心素养的提出，将本学科的教学内容和立德树人的宏观要求有机结合，具体描述了高中生物学课程的育人价值，是高中生物学课程设计的准绳，也是教师教学实践的方向和总体要求。”[②]为了让教师更好地理解生物学学科核心素养的内涵，更加明确学科教学和学科育人的方向，“课程标准（2017年版）”不仅对学科核心素养水平进行四级划分，而且还附有“指引”，其中在“生命观念”中，“学生应该在较好地

---

① 谭永平．中学生物学课程在发展学生核心素养中的教育价值[J]. 生物学教学.2016,41(5):20-22.

② 刘恩山，刘晟．核心素养作引领 注重实践少而精——《普通高中生物学课程标准》修订思路与特色[J]. 生物学通报,2017,52(8):8-11.

理解生物学概念的基础上形成生命观念，如结构与功能观、进化与适应观、稳态与平衡观、物质与能量观等；能够用生命观念认识生物的多样性、统一性、独特性和复杂性，形成科学的自然观和世界观，并以此指导探究生命活动规律，解决实际问题”；在“科学思维”中，“学生应该在学习过程中逐步发展科学思维，如能够基于生物学事实和证据运用归纳与概括、演绎与推理、模型与建模、批判性思维、创造性思维等方法，探讨、阐释生命现象及规律，审视或论证生物学社会议题”；在“科学探究”中，“学生应在探究过程中，逐步增费对自然现象的好奇心和求知欲，掌握科学探究的基本思路和方法，提高实践能力；在探究中，乐于并善于团队合作，勇于创新”；在“社会责任”中，“学生应能够以造福人类的态度和价值观，积极运用生物学的知识和方法，关注社会议题，参与讨论并作出理性解释，辨别迷信和伪科学；结合本地资源开展科学实践，尝试解决现实生活问题；树立和践行‘绿水青山就是金山银山’的理念，形成生态意识，参与环境保护实践；主动向他人宣传关爱生命的观念和知识，崇尚健康文明的生活方式，成为健康中国的促进者和实践者。”

上述的做法使抽象的素养概念变得具体而形象，非常有利于在生物学教材编写、开展生物学课堂教学和生物学学业水平评价过程中进行落实；同时使生物学教师更加清楚“培养怎么样的人”。当然，这四大学科核心素养不是孤立的，而是相互联系的，并存在一定的逻辑关系。即教师应组织学生在开展科学探究的过程中发展科学思维，从而形成正确的生命观念，进而最终成长为具有社会责任的人。

（二）聚焦了生物学大概念

在“课程标准（2011年版）”提出“生物学核心概念”的基础上，“课程标准（2017年版）”发展提出并聚焦了“生物学大概念”。例如，必修部分两个模块内容聚焦了“细胞是生物体结构与生命活动的基本单位”“细胞的生存需要能量和营养物质，并通过分裂实现增殖”“遗传信息控制生物性状，并代代相传”和“生物的多样性和适应性是进化的结果”等大概念。每一个生物学大概念下都有若干个生物学重要概念进行支撑和细化，而每一个重要概念下都阐明了具体的学习目标，具有很强的指导性、可行性和操作性。

表6-1的数据显示，高中生物学必修课程和选择性必修课程共聚焦了10个生物学

大概念，同时在大概念下有31个重要概念进行细化，其中必修课程的生物学大概念和重要概念分别占4个（占40.0%）和11个（占36.7%），而选择性必修课程的生物学大概念和重要概念依次为6个（占60.0%）和20个（占63.3%）。在模块内容中，选择性必修部分的“生物技术与工程”模块的大概念为4个（占40.0%）、重要概念为10个（占全部的32.3%，占选择性必修部分的50%），均居五大模块之首；“分子与细胞”和“遗传与变异”2个必修模块的大概念均为2个，重要概念为5~6个。这说明高中生物学教师应围绕生物学大概念和重要概念开展课堂教学，完成课程育人目标。

表6-1 普通高中生物学课程标准聚焦的生物学大概念和重要概念

课程类型	模块名称	大概念	重要概念
必修课程	分子与细胞	概念1 细胞是生物体结构与生命活动的基本单位	1.细胞由多种多样的分子组成，包括水、无机盐、糖类、脂质、蛋白质和核酸等，其中蛋白质和核酸是两类最重要的生物大分子 2.细胞各部分结构既分工又合作，共同执行细胞的各项生命活动 3.各种细胞具有相似的基本结构，但在形态与功能上有所差异
		概念2 细胞的生存需要能量和营养物质，并通过分裂实现增殖	4.物质通过被动运输、主动运输等方式进出细胞，以维持细胞的正常代谢活动 5.细胞的功能绝大多数基于化学反应，这些反应发生在细胞的特定区域 6.细胞会经历生长、增殖、分化、衰老和死亡等生命进程
	遗传与变异	概念3 遗传信息控制生物性状，并代代相传	7.亲代传递给子代的遗传信息主要编码在DNA分子上 8.有性生殖中基因的分离和重组导致双亲后代的基因组合有多种可能 9.由基因突变、染色体变异和基因重组引起的变异是可以遗传的
		概念4 生物的多样性和适应性是进化的结果	10.地球上的现存物种丰富多样，它们来自共同祖先 11.适应是自然选择的结果
	稳态与调节	概念5 生命个体的结构与功能相适应，各结构协调统一共同完成复杂的生命活动，并通过一定的调节机制保持稳态	12.内环境为机体细胞提供适宜的生存环境，机体细胞通过内环境与外界环境进行物质交换 13.内环境的变化会引发机体的自动调节，以维持内环境的稳态 14.神经系统能够及时感知机体内、外环境的变化，并作出反应调控各器官、系统的活动，实现机体稳态 15.内分泌系统产生的多种类型的激素，通过体液传送而发挥调节作用，实现机体稳态 16.免疫系统能够抵御病原体的侵袭，识别并清除机体内衰老、死亡或异常的细胞，实现机体稳态 17.植物生命活动受到多种因素的调节，其中最重要的是植物激素的调节

续　表

课程类型	模块名称	大概念	重要概念
选择性必修课程	生物技术与工程	概念7　发酵工程利用微生物的特定功能规模化生产对人类有用的产品	22.获得纯净的微生物培养物是发酵工程的基础 23.发酵工程为人类提供多样的生物产品
	生物技术与工程	概念8　细胞工程通过细胞水平上的操作，获得有用的生物体或其产品	24.植物细胞工程包括组织培养和体细胞杂交等技术 25.动物细胞工程包括细胞培养、核移植、细胞融合和干细胞的应用等技术 26.对动物早期胚胎或配子进行显微操作和处理以获得目标个体
		概念9　基因工程赋予生物新的遗传特性	27.基因工程是一种重组DNA技术 28.蛋白质工程是基因工程的延伸
		概念10　生物技术在造福人类社会的同时也可能会带来安全与伦理问题	29.转基因产品的安全性引发社会的广泛关注 30.中国禁止生殖性克隆人 31.世界范围内应全面禁止生物武器

那么，什么是生物学重要概念？什么是生物学大概念？要理解好这些问题，教师需要从知道何为生物学概念开始。生物学概念由其内涵和外延组成，前者是指反映生命现象和生命活动规律的本质特征，后者是指内涵所适用的范围和条件，是生物学概念反映的总和；生物学重要概念处于学科中心位置，包括了对生命基本现象、规律、理论等的理解和解释，对学生学习生物学及相关科学具有重要的支撑作用①。

生物学概念是在生物学事实（生命活动及其规律）的基础上提炼出来的，是形成生物学学科思维，生成生命观念和生物学思想的“桥梁”，对生物学教育教学和生物学人才的培育具有重要的价值和意义。例如，只有理解了“生命的进化顺序是从水生到陆生，从简单到复杂，从低等到高等”“种内进化的本质是种群基因频率的定向改变”“种间生物可以进行协同进化”“生物与环境之间相互影响”“进化的记过是生物多样性的形成”等生物学概念，才能形成“进化与适应”的生命观念，才能生成“适者生存，不适者被淘汰”“生物是不断进化的，进化是生物适应环境的表现，生物适应环境的形式多种多样”等生物学思想。

生物学大概念是相对宏观层面的概念，属于上位概念，是对大范围内的生物学事物的解释，具有高度抽象性、概括性和普适性，与该领域的生物学下位概念（重要概

① 李文送.义务教育生物学课程标准的教学取向[J].中学生物教学，2014(3)：25-27.

念、核心概念或一般概念）具有内在联系且能联结大部分下位概念的概念。聚焦“大概念”是目前国际上科学教育普遍而有效的做法。“大概念能够帮助学生建构起连贯的科学世界，建立起认识科学世界的框架，而不是一些零散的理论片段。大概念还提供了学生探究的内容和课堂活动的基础，任何一个大概念都为学生提供了充足的探究内容，为教师提供了组织科学课堂的脉络。”①

（三）更新了课程的基本理念

课程的基本理念是课程方案和课程标准研修订者及相关教育者经过充分论证后达成共识的关于课程的理性观念，属于一种课程意识形态，是教师开展课程教学与评价的指导思想和重要依据。与“课程标准（2003年版）”相比，“课程标准（2017年版）”提倡的依然是四大课程基本理念，但具体内容进行了全面更新，由“提高生物科学素养、面向全体学生、倡导探究性学习、注重与现实生活的联系”修订为“核心素养为宗旨，内容聚焦大概念、教学过程重实践、学业评价促发展”。这种更新不是简单的更替，更不是对过去理念的摒弃，而是对课程基本理念的一种传承、融合和发展，比如“核心素养”就涵盖了“生物科学素养”，“教学过程重实践”发展了“倡导探究性学习”和“注重与现实生活的联系”。

就“以核心素养为宗旨”来说，其要义就是要确立四大学科核心素养的核心地位，也就是要求高中生物学教师在教育教学中要自觉肩负起让学科核心素养在学生身上生发的责任与担当，并从生命观念、科学思维、科学探究和社会责任等方面发展学生的学科核心素养。需要强调一点的是，这不仅是新时代教育高中生物学课程教学的基本要求，而且包含着国家意志和国家使命。生物学教师要坚定不移地落实生物学学科核心素养，让生物学学科核心素养铸强中国特色社会主义建设者和接班人的脊梁。这是当前所有生物学教师共同面对且必须解决好的机遇和挑战。

课程基本理念的更新，意味着高中生物学课程教学既要“着眼于学生适应未来社会发展和个人生活的需要，从生命观念、科学思维、科学探究和社会责任等方面发展学生的生物学学科核心素养，充分体现生物学课程的学科特点和育人价值”，又要“以生物大概念为统领，精简容量、突出重点、切合年龄特点、明确学习要求，确保学生

① 郎骁谋.大概念理念下基于项目的科学教学设计与实践[D].桂林：广西师范大学，2017：3-9.

有相对充裕的时间主动学习，让学生能够深刻理解和应用重要的生物学概念，发展生物学学科核心素养”；还要“注重引导学生在学习过程中主动参与，特别是要积极参与动手和动脑的活动，通过探究性学习活动或完成工程学任务，加深对生物学概念的理解，提升应用知识的能力，培养创新精神，进而能用科学的观点、知识、思路和方法，探讨或解决现实生活中的某些问题。”

在学业评价上，生物学教学要以评价促进学生的学习与发展，关注学生的个体差异和发展需求，帮助学生认识自我、建立自信，改进学习方式，促进生物学学科核心素养的形成。教师要重视评价的诊断作用、激励作用和促进作用，致力于创建一个主体多元、方法多样、既关注学业成就又重视个体进步和多方面发展的生物学课程教学评价体系。

（四）整合了生物学课程目标

“课程标准（2017年版）”强调：“学生通过本课程的学习，能认识到生物学在坚将人与自然和谐共处、促进科技发展、社会进步和提高人类生活质量等方面的重要贡献。”并从四大学科核心素养的视角设计和描述课程的目标，其中在生命观念方面，要“树立生命观念，能够运用这些观念认识生命现象、探索生命规律”；在科学思维方面，要“形成科学思维的习惯，能够运用已有的生物学规识、证据和逻辑对生物学议题进行思考或展开论证”；在科学探究方面，要“掌握科学探究的思路和方法，形成合作精神，善于从实践的层面探讨或尝试解决现实生活问题”；在社会责任方面，要“具有开展生物学实践活动的意愿和社会责任感，在面对现实世界的挑战时，能充分运用生物学知识主动宣传引导，愿意承担抵制毒品和不良生活习惯等社会责任，为继续学习和走向社会打下认识和实践的基础。”

这表明高中生物学课程教学由“三维目标”时代迈进了“学科核心素养”时代。刘恩山指出：“学科核心素养每一维度的发展都可能涉及三维目标的实现。”可见，生物学学科核心素养是学生知识、能力、情感态度与价值观的综合体现，也就是说“学科核心素养”是对“三维目标”（知识、能力、情感态度与价值观）的一种融合和综合提升，体现了从“学科本位”到“以人为本”的转变思想，即从“人”的立场开展学科教育，设置学科课程，组织学科教学。因此，高中生物学要从学科教学走向学科教育，坚持育人为本的价值取向和发展定位。

有学者认为，过去“双基”（基础知识和基本技能）是外在的，主要从学科的角度来刻画课程与教学的内容和要求；“三维目标”是从外在走向内在的中间环节，是核心素养形成的要素和途径；学科核心素养是内在的，是从人的角度来界定课程与教学的内容和要求。但人是综合的、立体的，是有情感、有追求、有使命、有思想的，任何单一的目标都是对人性的一种片面化界定，这就是为什么过去的“双基”和“三维目标”在学界都存在不少争议的原因。学科核心素养的凝练就是对人的生命本然的一种契合，一种回归。只有回归到人生命真实的状态及成长规律来谈教育、来开展教学，我们的教育教学才能充满活力，才能真正发挥自身应有的价值和意义。

（五）优化了课程结构与内容

无论是高中生物学的课程结构还是课程内容，“课程标准（2017年版）”都进行了优化。

在课程结构上，依据《普通高中课程方案（2017年版）》，高中生物学课程分为必修、选择性必修和选修课程三个部分，其中必修课程是全体高中学生必须学习的课程，是高中学生生物学学科核心素养发展的共同基础；选择性必修课程是学生根据个人需求与升学考试要求选择学习的课程；选修课程是学生自主选择学习的课程，属于基于学生兴趣的拓展性课程。

课程内容是发展学生生物学学科核心素养的重要载体，是在高中生物学课程中落实立德树人根本任务的抓手。根据“课程标准（2017年版）”的指导思想，高中生物学课程用生物学大概念构建课程内容以实现“少而精”。用大概念构建课程内容框架，淡化了细枝末节的内容，降低了对记忆背诵的要求，强调对重要概念的深入理解，为主动学习留出了更多的课时，是课程内容少而精的保障，这不仅是课程标准呈现方式的变化，也是对课堂教学变革的要求和期待①。

“课程标准（2017年版）”还明确指出，高中生物学课程要“基于学生在生命观念、科学思维、科学探究和社会责任等方面应有的表现，精选必修、选择性必修和选修的课程内容，设计各模块的教学目标及学业要求，已全面落实生物学课程的育人功

①刘恩山，刘晟．核心素养作引领 注重实践少而精——《普通高中生物学课程标准》修订思路与特色[J].生物学通报，2017，52(8)：8-11.

能。”在课程内容的设置上，“课程标准（2017年版）”必修部分保留了《标准（2003年版）》“分子与细胞”和“遗传与变异”模块，学分均为每模块2学分，同时把原来的“稳态与调节”模块调整为新设立的选择性必修部分；选择性必修部分还有“生物与环境”和“生物技术与工程”模块，共三个模块内容和6学分；选修部分涉及“现实生活应用”“职业规划前瞻”及“学业发展基础”三个方向的22个拓展模块，每模块1学分。

在具体内容的选择上，必修课程选择“现代生物学的核心内容，与社会和个人生活关系密切，是后续学习发展所必需的基础，对于提高全体高中学生的生物学学科核心素养具有不可或缺的作用”；选择性必修课程选择“学生未来职业与专业发展的基础内容，有助于学生进一步加深对生物学大概念的理解，拓展生物科学与技术视野，提高实践和探究能力”；选修课程选择“适合本校学生特点和符合当地资源的内容，以满足学生多样化兴趣和发展要求，为学生进一步学习和职业规划奠定基础”。

调整后的课程结构和课程内容更加合理、科学和优化。必修部分减少了一个模块，保留的模块也更新了内容，即根据生物学的大概念来构建课程体系和内容框架，选取更加符合高中学生认知特点的学习内容和任务，使课程内容更加体现时代性、操作性、指导性和育人价值。选修部分课程模块超过原来的七倍多，实际上各地各学校还可以根据本校学生特点和本地资源优势开设针对性的、适合当地教学条件的课程。

由此可见，高中生物学课程既突出课程的基础性，又大大提高了课程的丰富度和选择性，这是以往的课程无法比拟的。课程只有具备了足够的选择性，才能满足学生的多元需求，才能实现高中特色化发展和学生个性化成长。

（六）新增了学业质量及水平

新增设学业质量和学业水平是“课程标准（2017年版）”六大革新之一，同时制订了四级学业质量标准。学业质量是学生在完成本学科课程学习后的学业成就表现。就高中生物学来说，其学业质量标准是依据生物学学科核心素养中的生命观念、科学思维、科学探究和社会责任四个维度及其划分的水平，结合必修课程和选择性必修课程的重要概念、方法等对学生学习相应的课程后所表现出的核心素养水平的描述。

在四级学业质量标准中，每一级标准都是从四大学科核心的维度进行细致描述和界定的，如在二级学业质量水平标准中，“生命观念”维度是“能运用结构与功能观、物质与能量观等观念，举例说明生物体组成结构和功能之间的关系、光合作用和呼吸作用中的物质与能量转换、遗传与变异的物质基础和规律等；运用进化与适应观举例说明生物的多样性和统一性；在特定的问题情境中，能以生命观念为指导，分析生命现象，探讨生命活动的规律，设计方案解决简单问题”。

“科学思维”维度是“能基于特定的生物学事实，采用归纳与概括、演绎与推理等方法，以文字、图示的形式，说明分子与细胞、遗传与变异等相关概念的内涵；针对生物学相关问题，能运用科学思维方法展开探讨；在面对有争议的社会议题时，能利用生物学重要概念或原理，通过逻辑推理阐明个人立场”。

“科学探究”维度是“能提出分子与细胞、遗传与进化等相关的生物学问题；能熟练地使用常见的实验器具，制订简单的实验方案或在给出的多个方案中选取恰当的方案并实施，如实记录实验数据，并分析各项数据，得出合理的结论；能与他人合作开展探究活动，规范撰写实验报告，与他人交流所得结果和存在的问题”。

“社会责任”维度是“形成热爱生命、人与自然和谐共处的基本观念，初步形成保护环境的意识，参与绿色家庭、绿色学校、绿色社区等行动；养成健康文明的生活方式，远离毒品，并能抵制封建迷信和伪科学；形成敬畏生命的观念，遵循正确的伦理道德，能对有关生物学的社会热点议题进行理性判断。”

学业质量标准是阶段性评价、学业水平考试命题的重要依据。选择不同学业的学生，其学业质量水平要求不同。不同水平的学业质量标准主要表现在不同复杂程度的情境中运用各种重要概念和方法解决问题的程度，水平从低到高具有递进关系，其中，一、二级水平解决问题的情境相对简单和解决问题的程度相对较低；三、四级水平解决问题的情境相对复杂，解决问题的程度要求相对较高。例如，“中华白鳍豚适应水环境的结构特征有哪些？”是简单的问题情境，解决这一问题需要“结构与功能”观、“适应是自然选择的结果”和“生命个体的结构与功能相适应，各结构协调统一共同完成复杂的生命活动”等重要概念以及观察和归纳等方法就可以了，这就属于一、二级水平。但是，如果问题情境变为“导致中华白鳍豚数量减少的原因是什么？我们应怎样更好地保护中华白鳍豚？”那么就复杂多了，需要的重要概念和解决方法就升级了，这就属于三、四级水平。

根据“课程标准（2017年版）”的要求，高中毕业生在生物学科的学业水平要达到合格要求，即二级学业质量水平，是合格考试的命题依据，涉及的大概念，方法等内容只限于必修课程内容，学生只需完成必修部分的4个学分。如果选择生物学考试成绩列入高考总分，那么这部分学生需要学习必修课程和选择性必修课程的全部内容，修完10个学分，学业质量水平要达到四级标准，是学业水平等级性考试的命题依据。选修课程不安排考试评价，每个学生一般不超过四个模块4学分的学习，可作为校本课程选择实施，升学时也可供高考录取时参考。

学业质量和水平标准的设立，是落实国家关于“提高教育质量”战略的具体体现，是贯彻党的教育方针，落实立德树人根本任务，是学科教育教学“精准”育人的重要举措。学业质量和水平标准的设立对学科教育教学具有非常强的导向性和定位性，有利于教师和学生把握教与学的深度和广度，使之清楚“教（学）什么”“怎样教（学）”“教（学）到什么程度”，同时也有助于对教育教学质量进行有效而科学的监测和监管，从而掌握“教（学）得怎么样”和“课程目标达成怎么样”，将会促进教、学、考、评有机衔接，形成学科育人合力。

在实施建议方面，“课程标准（2017年版）”还新增了“学业水平考试与命题建议”“地方和学校实施校本课程的建议”。

三、中学生物学课程标准的教学取向

“课程标准（2017年版）”的颁布，对我国高中生物学教育具有里程碑的意义，标志着生物学教学进入新时期。“课程标准（2017年版）”在体现社会主义核心价值观、展示时代特征、落实立德树人任务、凸显生物学教育规律和育人价值等方面都有鲜明的特点，具有基础性、选择性、时代性、关联性和导向性。高中生物学的教学取向有五大方面：教学价值取向是素养育人，教学内容取向是构架概念，教学组织取向是赋能学校，教学策略取向是实践探究，教学评价取向是促进发展①。初中生物学课程标准即“课程标准（2011年版）”的教学取向主要有四个方面：凸显重要概念教学，倡导主动探究性学习，重视检测知识目标和鼓励多元评价方式②。

① 李文送.高中生物学课程标准的五大教学取向[J].教师教育论坛，2018，31(6)：25-28.

② 李文送.义务教育生物学课程标准的教学取向[J].中学生物教学，2014(3)：25-27.

（一）教学价值取向：素养育人

依据国家对“立德树人”的要求，《基础教育课程改革指导纲要》《国家中长期教育改革和发展规划纲要（2010—2020年）》等文件的精神以及生物学的学科特色，课程标准修订组从“知、意、行、情”四个方面凝练出高中生物学四大学科核心素养：生命观念、科学思维、科学探究和社会责任。“生物学核心素养”是指学生通过生物学科的学习而逐步形成的正确价值观念、必备品格和关键能力。

这四大核心素养基于“整体的人”的立场，是一个相互关联的有机整体。陶行知先生说：“行是知之始，知是行之成。”“科学探究（行）”是建立正确的“生命观念（知）”的重要基础，同时也是“科学思维（意）”形成和发展的主要路径。科学探究不仅是一种思维方式，也是一种开展科学调查的方式，更是一种知识体系，能够帮助学生更好地理解生命观念，并且能够指导学生科学地开展调查，正确地履行社会责任；而生命观念、科学思维和科学探究都是社会责任（情）的坚固基础，能够让学生更好地参与个人与社会事务的讨论、做出理性解释和判断，并解决生活中的生物学问题[①]。故“知”“行”“意”是“情”生发的“沃土”，而“情”为“知”“行”“意”的形成与发展提供动力。因此，教师应组织学生在开展科学探究的过程中发展科学思维，帮助学生形成正确的生命观念，使学生最终成长为具有社会责任的人。

“课程标准（2017年版）”最大的亮点和变化莫过于生物学核心素养的凝练和贯穿课程性质、课程基本理念、课程目标、课程内容、学业质量、教学与评价等各个方面，从而树立素养育人的价值取向。学科核心素养不但是学科育人价值的集中体现，而且是“中国学生发展核心素养”在学科中的具体化和生动体现。在学生核心素养发展方面，中学生物学课程的基本价值是：“让学生形成基本的生命观和生物学基本观点，提升科学素养。既要让学生建立生物学核心概念，以达成对生命的理解，又要让学生参与科学探索的实践，体验生物学知识的形成过程、感悟生物学思想、方法，建立对生物学的理解。

在此基础上，引导学生进一步理解自然，形成科学态度养成科学精神，为学生未

① 刘欣颜，麦纪青，刘恩山．运用5E教学模式发展学生的核心素养——聚焦生物学核心素养的教学取向[J]. 教育导刊．2017(6)：48-53.

来在个人生活与社会参与时奠定素养基础[①]。生物学核心素养将本学科的教学内容和立德树人的宏观要求有机结合，具体描述了高中生物学课程的育人价值，是高中生物学课程设计的准绳，也是教师教学实践的方向和总体要求。

这表明，高中生物学教学要从“育分”转变为“育人”，从“学科知识教人”本位转向“学科素养育人”本位。教师要主动转变自己的教育教学观念，自觉形成并强化学科核心素养育人的教学价值观，主动肩负发展学生生物学核心素养的责任，且要坚定不移地去落实，因为这不仅是课程本身对教师的基本要求，而且是国家赋予的神圣职责和重要使命，同时还是学生和家长对教师的期待。

（二）教学内容取向：构架概念

根据“课程标准（2017年版）”，高中生物学必修课程和选择性必修课程在“内容要求”上共聚焦了10个生物学大概念，且有31个生物学重要概念作为下位概念进行细化和支撑。同时，每一个重要概念下均阐明了具体的学习目标、教学提示和学业要求。

这表明，高中生物学课程在内容上不仅聚焦生物学大概念，而且用生物学大概念构建课程内容的主体框架，以实现“少而精”的内容目标。刘恩山认为：“用大概念构建课程内容框架，淡化了细枝末节的内容，降低了对记忆背诵的要求，强调对重要概念的深入理解，为主动学习留出了更多的课时，是课程内容少而精的保障，这不仅是课程标准呈现方式的变化，也是对课堂教学变革的要求和期待[②]。”

与“课程标准（2011年版）”筛选50个生物学重要概念相比，“课程标准（2017年版）”的重要概念的数量大幅度减少，降幅近20%，同时还发展提出生物学大概念。减少概念的数量就是减少课程的内容，即缩小了课程内容的宽度，这有利于增强教学内容的深度，从而“确保学生有相对充裕的时间主动学习，让学生能够深刻理解和应用重要的生物学概念，发展生物学学科核心素养”。如必修部分共4个大概念和11个重要概念，也就是说学生在学习生物学必修课程时每学期只需完成1—2个大概念和2—3个重要概念的学习任务。高中生不仅能学会而且能学好。生物学大概念和生物学重要概念有什么联系和区别？生物学重要概念处于学科中心位置，包括了对生命基本现象、

① 谭永平．中学生物学课程在发展学生核心素养中的教育价值[J].生物学教学，2016(5)：20-22.

② 刘恩山，刘晟．核心素养作引领 注重实践少而精——《普通高中生物学课程标准》修订思路与特色[J].生物学通报，2017(8)：8-11.

规律、理论等的理解和解释，对学生学习生物学及相关科学具有重要的支撑作用。

“课程标准（2017年版）”为何要聚焦生物学大概念呢？这至少基于以下两点考量：一是通过大概念构架课程内容符合生物学课程的学科特征。与其他学科相比，生物学概念特别多。生物学概念的形成离不开科学的生物学知识和对生物学事实现象的正确认知，同时生物学概念是形成生物学学科思维、生成生命观念和生物学思想的基本单元。例如，学生只有掌握了“动、植物各个器官的结构与功能是统一的”“细胞及细胞器的结构与功能是统一的”“细胞器的结构与功能是相辅相成的”“蛋白质和核酸的结构决定其功能”等生物学概念，才能形成“结构与功能观”的生命观念，才能生成“生物体的结构与功能是相适应的，是生物长期进化所形成的，是生物适应环境的一种体现”等思想认知。二是关注大概念是国际科学教育的主流。在过去的几十年间，国际上科学教育不仅强调基于探究的教学改革，同时也高度关注学生在主动学习中对大概念的建立和理解；在强调少而精和选择有价值的学习内容时，都将理科课程内容聚焦在科学的大概念上。

（三）教学组织取向：赋能学校

修订后的高中生物学必修部分模块减少了，而选修部分大大增强了课程的选择性，从“现实生活应用”“职业规划前瞻”及“学业发展基础”三个方向将高中生物选修课程增至22个拓展模块，实际上各学校也可以根据本校学生特点和本地资源优势开设有针对性的、适合当地教学条件的选修课程和校本课程。

对于必修课程的四个模块内容，“课程标准（2017年版）”也只是“建议在高一年级开设”；而选择性必修课程“可以和选修课程同时开设供学生选择；选修课程中“学业发展基础”类模块，“教师可以提出选课的顺序或条件”。此外，在“实施建议”中，“课程标准（2017年版）”对课程的教学与评价、学业水平考试与命题、教材编写、地方和学校实施本课程以及选修课程开设的模块内容和教学等都提出了建议。刘恩山指出：“课程标准中的建议只是为学校开设课程提供参考，各校实际开设这类课程时可以依据师资力量、教学资源、地域特点和学生需求等因素作出决定[①]。”由此可见，新修订的课程标准在教学组织上注重赋能学校。

① 刘恩山，刘晟．核心素养作引领 注重实践少而精——《普通高中生物学课程标准》修订思路与特色[J].生物学通报，2017(8)：8-11.

赋能本质上是一种赋权，首先是赋予学校和教师的课程开设权，特别是课程时间的安排权和选修部分课程内容的设置权；其次是赋予学生个体学业发展的选择权。这种赋权实际上是对各地各学校自身课程资源优势和师资力量的一种尊重和依托，也是对学生个体生命差异性和成长选择性的一种尊重和依循。

学科教育既要遵循教育的本质规律和人生命成长的本然规律，让学校和教师能为、可为和善为，让学生全面发展和个性化成长的需求得到最大限度的满足，又要在教学组织与实施中“因地制宜”和“因材施教”，使每一个学生在学科课程学习中都能收获素养和成长。在某种意义上来说，学校其实是教育发展和课程改革的“根据地”，就像一个既独立又与外界有着联系的“细胞”，需要具有一定的自主性和自由性，才能发挥其生命性和创造性，真正激发教育的活力。

当然，在课程实施过程中，各地各学校和教师自身还要具备应有的自觉性和自律性，因为学生选修的四个模块（4学分）的课程可作为校本课程实施，且不安排考试评价。我们认为，选修课程或校本课程都不是学校和教师眼中的“鸡肋”，而是学校走向特色发展和教师打造个人品牌课程的重要窗口，更是落实好立德树人使命和培育有个性特长的未来人才的重要渠道。

（四）教学策略取向：实践探究

“教学过程重实践”和“科学探究”分别是高中生物学四大课程基本理念和学科核心素养之一。“课程标准（2017年版）”强调：“本课程要高度关注学生学习过程中的实践经历，强调学生学习的过程是主动参与的过程，让学生积极参与动手和动脑的活动，通过探究性学习活动或完成工程学任务，加深对生物学概念的理解，提升应用知识的能力，培养创新精神，进而能用科学的观点、知识、思路和方法，探讨或解决现实生活中的某些问题。”

此外，“课程标准（2017年版）”在“教学建议”中指出：“组织以探究为特点的主动学习是落实生物学学科核心素养的关键。”据统计，在“课程标准（2017年版）”中，“探究”一词出现的频率非常高，为115次，比“核心素养”（105次）高出10次，而“实践”一词出现72次，频率也不低。这表明，“课程标准（2017年版）”提倡的教学策略取向是实践探究，并且是基于主动学习和生物学概念（尤其是大概念和重要概念）的实践探究。因此，教师要积极有效地组织基于实践探究的生物学概念教学或基于生物学重要概念的探究式教学。

在实践探究教学中，要突出“主动学习”和“生物学概念”的要义。首先，学生主动参与的学习才是最有效的学习，如果学生没有主动参与探究性学习，那么其就无法体会到科学探究过程的艰辛和成功的喜悦，也就不能生发探究欲望，培养学生科学态度和科学精神等目标也极有可能成为空中楼阁。

从学生心理学角度说，学生的学习过程是主动建构而不是被动接受的过程，没有学生主体的主动参与，就没有学习的真正发生，就没有学生的自主发展。袁振国从社会学角度论述说：“今天的学习者是明天的建设者，是社会的主人，人类文明的发生发展历史，是江山辈有人才出的历史，有自主发展的学生，才有自主发展的民族性格和民族精神。”其次，概念是人类的一种思维形态，它既是思维的产物，是人们对客观事物一般特征、本质属性的认识，又是思维的工具，是进行判断和推理的基础①。生物学概念是形成正确的生命观念、生物学学科思维和生物学思想的基础，运用生物学概念开展科学探究、参与社会上生物学有关议题的讨论和解决生活中的实际问题等都是高中生物学课程学习应有之义。

教师要自觉践行“实践出真知，探究育人才”的教育实践哲学，指导学生在实践中成长，在探究中学会创新，在创新中发展学科思维，从而成长为具有学科核心素养的人。

（五）教学评价取向：促进发展

教学评价是构成教学质量管理体系的组成部分，是日常教学过程中不可或缺的重要环节，是了解教学过程、分析教学效果、调控教学行为、改善教学策略和提高教学质量等的重要手段，具有诊断、激励和促进作用。“课程标准（2017年版）”不仅把“学业评价促进发展”列为四大课程基本理念之一，而且明确要求高中生物学教学要“重视以评价促进学生的学习与发展……致力于创建一个主体多元、方法多样、既关注学业成就又重视个体进步和多方面发展的生物学课程评价体系。提倡在评价中关注学生的个体差异和发展需求，帮助学生认识自我、建立自信，改进学习方式，促进生物学学科核心素养的形成。”在“评价建议”中，“课程标准（2017年版）”建议教学评

① 赵占良．概念教学刍议（一）——对概念及其属性的认识[J]．中小学教材教学，2015(1)：40–42.

价要“以学生发展为本，以生物学课程内容、学业质量标准为依据，聚焦学科核心素养，促进教师的教和学生的学。”由此可知，“课程标准（2017年版）”的教学评价取向是促进师生的发展，即“评价既促进学生核心素养水平的提升，又推动教师教学水平的提高，实现评价者和被评价者共同发展”。

在具体实施过程中，教学评价在原则上要以立德树人为指导思想，以学生生物学学科核心素养发展为指向，既关注学生对生物学大概念的理解和融会贯通，又重视学生爱国主义情操和社会责任感的形成；在方式方法上，要体现教学评价的多元性和多样性；在效能上，要发挥教学评价的导向性和激励性；在内容上，要“以课程目标、课程内容和学业质量标准为依据，结合具体的教学内容，以生物学大概念、重要概念等主干知识为依托，检测学生生物学学科核心素养的发展水平。”

总之，评价学生时，教师要做到结果评价和过程评价相结合、终结性评价和形成性评价相结合、定量评价和定性评价相结合，以及表现性评价和成果性评价相结合，使评价真正发挥应有的功能，在促进学生发展进步的同时，也促使教师实现专业水平的提高。

教学评价不能“为评价而评价”，要适度、适时和适人，不要人人、时时、事事都评价。如果一个学生的某种努力、进步或成就频繁得到教师的赏识性评价，学生担心失败的压力会增大，而且追求进步的动机会由内在动机转变成外在的工具性动机，进而影响其长远发展；相反，如果教师适当减少评价和激励，反而可以激发学生的内在成就动机，培养其自我评价、监控与发展的能力①。

美国心理学家马克·莱珀的过分肯定理论研究结果表明，过分肯定（或奖励）会使内部动机转变为外部动机，即“当个体从事一项自身感兴趣的活动时，外界所给予其的奖励会使活动成为一种达到目的（获奖）的手段，那么个体以后从事这种活动的兴趣就会降低。”因此，教学评价最重要的目的激发学生的内在驱动力，促进学生的自主发展。

四、中学生物学课程的结构体系

初中生物学课程的结构体系是以“人与生物圈”为主线，包括“生物圈中的绿色

① 赵德成.有根·有效·有度:未来学科评价需关注三个重点[J].中小学管理,2018(2):5-8.

植物”“生物与环境”“生物圈中的人”“健康地生活”“生物的多样性”“生物体的结构层次”“动物的运动和行为”“生物的生殖、发育与遗传”“生物技术”和“科学探究”等十大主题的内容，以培育初中生的生物科学素养和相关的公民素养，如图6–1所示。

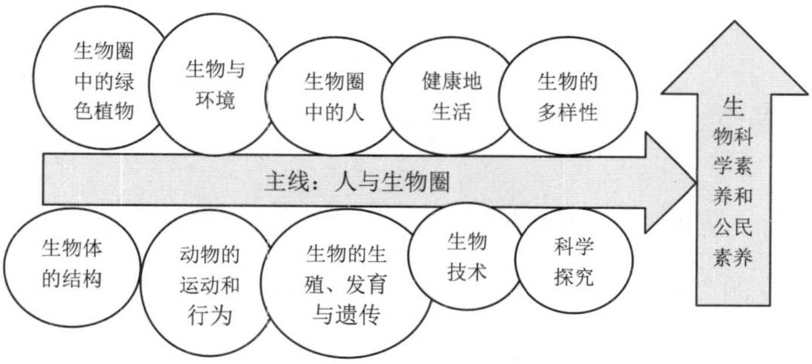

图6–1　初中生物学课程的结构体系

根据“课程标准（2017年版）”，高中生物学课程围绕四大生物学科核心素养（生命观念、科学思维、科学实践和社会责任），构设必修课程（“分子与细胞”和“遗传与进化”两个模块）为主，以选择性必修课程（有“稳态与调节”“生物与环境”和“生物技术与工程”三个模块）和选修课程（涉及现实生活应用、职业规划前瞻及学业发展基础三个方向的多个拓展模块）为辅的课程结构体系，如图6–2所示。

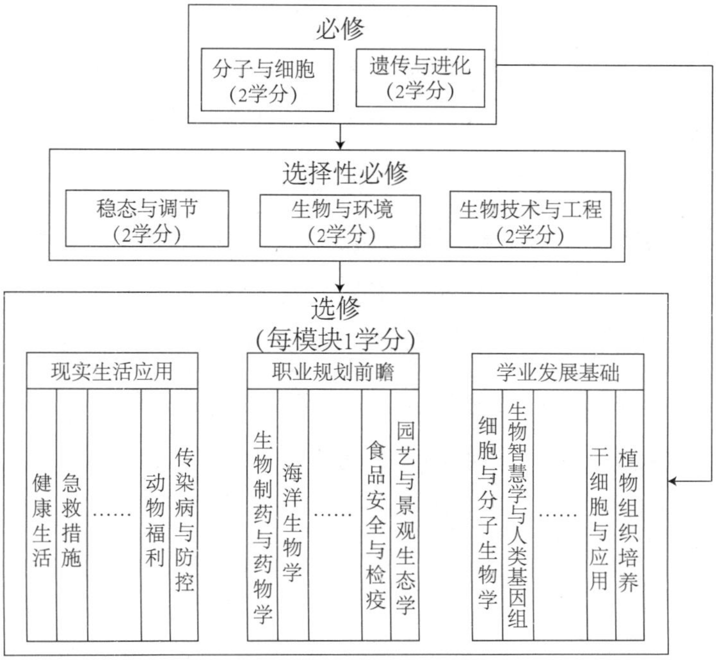

图6–2　高中生物学课程的结构体系

第二节 生物学课堂教学

一、设计课堂教学

教学理论认为，教学设计的产生是教学理论发展的需要。学习理论强调，教学设计是为学习而创设的。传播理论指出，教学过程即教育信息传播过程。在系统论里，课堂教学是立体的，多维的。教学设计的主要目的是通过对教学活动的设计，使教学活动的诸要素得到有序的、优化的安排，从而有利于学生的好学和教师的好教，其最终目的是促进师生特别是学生的生命成长。

教学设计就像是连接理论和实践的“桥梁”，设计“教学设计”就犹如建设楼层之间的楼梯。如果没有楼梯，就很难甚至无法从一楼走上二楼、三楼、四楼，以及更高的楼层。也正是因为有了楼梯，不同年龄的人都可以从一楼走到自己想要走到的楼层。不过，楼梯的梯度、高度或宽度等的设计，则需要根据设计目的和使用的对象而定，如小学和幼儿园的楼梯就应设计梯度小一点，高度矮一点；若还能设计有护手，那么就更人性化。如果是中学或大学的楼梯，其梯度可以大一点，高度可以高一点，但也不能太大和太高，不然走起来就吃力，不方便，甚至容易摔跤。在人流量大的楼梯，楼梯的宽度就要设计宽的，不能太窄，否则就存在安全隐患。

那么，课堂教学要怎样设计呢？教学的主体是“人”，教学的根本任务就是促进人的身心充分地发展。要完成这个任务，教学必须建立在对人的身心发展规律的充分认识的基础上，必须遵循人的身心发展规律[①]。这表明，教学设计不仅要运用系统方法，根据学习理论、教学理论和传播理论，依据课程标准要求和学生发展需要，而且要尊重学生的身心发展规律，做到有理有据。下面以“DNA是主要的遗传物质”一节为例，介绍怎样进行教学设计。

（一）教材分析

教材分析主要是说明教材内容体系和知识体系。“DNA是主要的遗传物质”一节

① 张华.课程与教学论[M].上海：上海教育出版社，2001：75.

是《普通高中教科书　生物学必修2　遗传与进化》第3章第1节的内容，是在学习了有关细胞学基础（有丝分裂、减数分裂和受精作用）、阐明了染色体在亲代和子代遗传中所起的联系和作用，并且了解染色体的主要成分是DNA和蛋白质的基础上再学习的。这节内容还和第6章“基因工程及其应用”有一定的联系，同时提到了一些自然科学研究中常用的实验方法，为后面选修课“生物技术与实践”的学习也做了很好的铺垫。

因此，这节内容在高中阶段生物学科学习中有着重要地位。由于当时认识水平有限，所以在相当长的时间里，人们一直认为蛋白质是生物体的遗传物质，那么遗传物质究竟是DNA还是蛋白质？教材通过问题探讨进行导思，然后通过两个经典实验证明DNA是遗传物质。最后，教材通过烟草花叶病毒感染烟草的实验，说明有些病毒体内的核酸只有RNA没有DNA，其中的RNA就是它的遗传物质，进一步归纳出“DNA是主要的遗传物质”这一结论。本节内容在结构体系上体现了人们对科学理论的认识过程和方法，是进行探究性学习的好素材。

（二）学情分析

1. 认知特点

高中生具有了逻辑思维，且由经验型逻辑思维向理论型逻辑思维转化，从而促进辩证思维的发展，有更高的抽象概括性，能用理论作指导，运用特殊与一般、理论与实践等对立统一的思维方法综合各种事实材料。他们思维活跃，经常提出问题，能独立地判断是非善恶，不轻信别人的结论，爱评论和争论，希望独立地解决问题，但往往会以点概面，甚至可能有点偏激。

2. 心理特点

高中生的心理处于半幼稚半成熟的状态，其智力水平接近成人水平，能较长时间注意感兴趣的事物，并能分配注意。他们的观察具有一定的目的性、系统性、全面性，此时观察事物的自觉性、稳定性和概括性也逐步提高，但欠精确。意志动机的主动性、目的性增强，能掌握自己的行为。在处事的信心度、果断性、自制性方面有发展，调节力较初中有提高。动机层次提高，对社会各方面的关心程度增强，有一定的评价能力并逐渐转化为决定自己的行为动机，体现了各自的价值取向。有一定的阅读能力和理解能力，愿意独立思考，对教师的教学有一定评价能力。因此，教师讲课时既要依据教材，又要高于教材，才能满足学生发展的要求。

3.学习优势

通过前面的学习，学生已经具备了有丝分裂、减数分裂和受精作用等细胞学基础，了解了生物生殖发育过程，掌握了染色体、蛋白质与DNA的化学组成等相关知识，熟悉同位素标记技术在生物科学研究中的应用，为新知识的学习奠定了基础。再加上研究性学习课程的开设，学生初步掌握了探究实验的一些基本方法，也初步培养了他们提出问题，分析问题和解决问题的能力。

4.学习障碍

学生在逻辑推理和整体把握两个方面存有障碍，不能熟练运用已有知识同化新知识，也很难做到将一些零散的知识要点整合成系统而有条理的知识体系。究其原因是学生没有立体思维的基础，对问题探讨停留于表象认识，没有积淀更多的将知识转化为能力的经验，对获得知识的过程及解答问题的方法都只是一些浅显的、外在的认识。

（三）教学目标

经过对教材和学情的分析，本节课的教学目标如下：

（1）总结“DNA是主要的遗传物质”的科学探索过程；知道肺炎双球菌转化实验和“同位素标记法”研究噬菌体浸染细菌所采用的方法是目前自然科学研究的主要方法；说明DNA是主要的遗传物质。

（2）通过分析证明DNA是遗传物质的实验设计思路，逻辑思维能力得以提高；通过“同位素标记法”来研究噬菌体侵染细菌的实验，由特殊到一般的归纳思维能力得以提高。

（3）通过总结DNA是遗传物质的科学探索过程，学习科学家善于总结他人经验、在工作中互相合作、严谨求实的科学态度以及对真理追求不懈的科学精神；遗传物质主要是DNA，也有RNA，强调了生命的物质性，树立辩证唯物主义世界观；认同科学与技术，是相互促进、相辅相成的关系。

（四）教学重点和难点

1. 教学重点

肺炎双球菌转化实验的原理和过程；噬菌体侵染细菌实验的原理和过程。

2. 教学难点

噬菌体侵染细菌实验的过程和结论；如何理解DNA是主要的遗传物质；探索科学发现过程来学习科学研究方法。

（五）教学思路与学法分析

1. 教学思路

根据高中生物学课程标准，高中生物学教学重在于培养学生的科学思维、科学实践、科学方法、科学精神等生物学科核心素养。本节课以“自主探究科学发现的过程来学习科学研究的方法”为设计理念，切实落实主体性教学目标，以培养学生的科学素质为指导，侧重科学方法教育为目标，采用“探究—发现”教学思路。在教学中，通过发挥学生的主体作用，优化课堂结构，妙用科学史实例，把知识的传授过程优化成一个科学的探究过程，通过引导学生模拟科学发现过程，启发学生积极思考，让学生在探究中学习科学研究的方法，从而渗透科学方法教育，达到提高学生探究能力，训练学生科学思维方法的目标。因此，本节课采用“设疑导入→问题引导呈现探索过程→讨论实验结果→归纳总结→反馈运用”的教学程序。

2. 学法分析

学生可采用观察、阅读、讨论，比较归纳等方法进行分析、归纳和总结，通过自主学习和探究学习培养学生对生物学科的兴趣。

（六）教学媒体与课时安排

用PPT课件展示“DNA是主要的遗传物质”有关内容，噬菌体侵染细菌用动画演示；本节课安排1课时。

（七）教学过程

1.导言

设计导言要有科学性、艺术性、趣味性，可采用复习提问引出课题，讲故事导入，问题导入，实验导入，歌曲、诗歌导入，猜谜语、俗语形式导入等，这些开头对学生很大的吸引力，为提高课堂效率打下了坚实的基础。

2.教师组织和引导学生活动

在探索新知教学中，教师以组织者、引导者的角色，创设情境，开通渠道，利用讲故事、析文图、模拟制作、角色扮演、成果显示、师生交流等活动实现探究式学习和自主式学习，为学生提供“个体化学习空间”和“群体化发展平台”，引导学生主动参与，自觉探究，在问难释疑中发现问题、吸纳信息，在矛盾冲突中生发灵感、诠释问题。通过探究寻求知识间的内在联系，找到解答困惑、开启智慧之门的钥匙，促使学生在学习过程中同化知识，悟得方法，陶冶性情。

3.结束语

好的结尾能归纳总结，强调重点，设置悬念，引人遐想；拓展提高，培养能力；练习反馈，发现不足；承前启后，导入下文；埋下伏笔而设疑激趣，能充分体现教师精湛、高超的教学艺术。

4.课件说明

本着形象直观、简洁适用，具有一定交互性的原则，力求界面美观，将一些利用传统教学手段难以达到很好教学效果，以及耗费大量时间又不能达到教学目的的知识内容，借助媒体等使其形象、宏观、具体再现给学生，做到突出重点、突破难点。

5.板书设计

力求以最简练的文字和最形象的图解体现知识脉络和课堂活动过程，在给学生提供完整的知识体系的同时又给予美的感染板书。

一、肺炎双球菌的转化实验

1. 格里菲思实验

（1） 材料：R菌，S菌，小鼠

（2） 过程：①R，没死

②S，死

③S（加热杀死），没死

④R十S（加热杀死），死

（3） 结论："转化因子"存在，使R菌转化为S菌

2. 艾弗里实验：分离，单独转化

结论：DNA是遗传物质

二、噬菌体侵染细菌的实验

1. 噬菌体结构

2. 噬菌体繁殖

3. 放射性同位素标记技术

4. 实验过程

5. 结论：DNA是遗传物质

三、DNA是主要的遗传物质

1. 细胞生物：DNA

2. 非细胞生物：DNA或RNA

二、上好生物学课

上好课是教师最基本、最重要的职业要求，也是衡量一个人是否胜任教师职业和教学工作的重要指标。就中学生物学课程教学而言，上好一节生物课，需要掌握如下六大步骤及相关操作①。

（一）用心备课是必要基础

教师备好课，至少要做到"四读"。即研读生物学课程标准，明晰课程标准对本课

① 李文送．如何上好一节生物学课[J].生物学教学，2018，43（12）：20-21.

的要求，明白“为什么教”和“教到什么程度”；精读本节生物课的学习内容，对内容进行适当的增、减、调、删等处理，弄清楚“教什么”；品读学生和自己，了解师生的认知特征、规律、已有知识和经验，甚至师生关系，选择合适师生有效完成目标的教学方式方法和设计教学活动，对“怎样教”心中有底有数；泛读生物学课程资源，这里的“泛读”不是“泛泛而读”，而是“广泛地挖掘”，丰富的课程资源是生物学课堂学习的重要支架，是教师教学生学习生物学的重要支持，是在分析、讨论、实验、探究等学习环节中发展和发挥学生主体精神的重要支撑。

因此，在备课环节，教师要吃透生物学课程标准，明确课程培养目标和教学目标，做到有的放矢；把准教学的重点、难点和关键点，做到因材施教；研究学生的个性与共性，了解学生与学科知识之间的联系和关系，做到因人而教，尽量贴近学生的实际生活和符合学生的成长规律；熟悉自己的教学风格和课程资源，做到量力而行，因地制宜。朱正威先生说：“备课也要备教学语言，教学语言的准备乃至千锤百炼，是一个优秀教师极为重要的事。”①

（二）语言艺术是关键条件

幽默风趣的教学语言不仅能使枯燥的知识变得有趣，易于学生理解和记忆，而且有利于培养学生的学习兴趣，从而提高教学质量。例如，“人体心脏的结构特点”是初中生物学的教学重点，也是教学难点，学生普遍反映难记，因此需要引导学生联想生活中常说的“男左（左心房、左心室）女右（右心房、右心室），男的相对主动（动脉血）和脸皮厚（左心室的壁厚），女的相对文静（静脉血）和脸皮薄（右心室的壁薄）”去巧记“人体的左心房和左心室流的是动脉血，右心房和右心室流的是静脉血，左心室的壁比右心室的厚”②；同时根据生活中“房（书房、睡房，喻指心房）静（静脉血管）室（教室、客厅，喻指心室）动（动脉血管）”使学生妙记“心房与静脉血管相连，心室与动脉血管相通”，效果很好。

在教学中，教师语言要注意语速语调，重点地方语速要慢、语调要重，需强调的地方可重复一下，次要内容采用一般语调即可。所以，一节课下来，教师的声音最好能抑扬顿挫，通常不要一节课从头到尾都是一个调，一点起伏都没有，否则教师语言

① 朱正威．备课要备语言——以“生物的遗传和变异”为例[J]．生物学通报，1995，30（10）：35.
② 李文送．让学生在生物学教学中长出兴趣的翅膀[J]．中学生物学，2011，27（12）：28-29.

容易成为引起学生打瞌睡的“催眠曲”。当然，“抑扬顿挫”不是阴阳怪气、忽高忽低，让学生难以适应，甚至丈二和尚摸不着头脑，分不清你的重点在哪里。一般好的教学语言能调动学生积极思考，成为他们主动学习的“兴奋剂”，这样的语言，精炼简洁，条理清晰，逻辑性强，具有趣味性和启发性。

（三）精彩导入是良好开端

导入是一节课的开始，好的开始就是成功的一半。课堂教学的导入，犹如乐曲中的“引子”，戏剧的“序幕”，起着渲染气氛，酝酿情绪，集中注意，渗透主题和带入情境的作用，精心设计的导入能在一开始就抓住学生心弦，立疑激趣，能促进学生的情绪高涨，步入智力振奋的状态，有助于学生获得良好的学习成果[①]。

教师要根据学生和学习内容，灵活选择合适的导入，如在学习“遗传和变异”时，采用情境导入的思路，设计“微博寻人”的教学情境：某公安部门在官方微博上公布了4名失踪儿童的照片，希望热心的群众协助寻找或提供线索。有一天，假如我们发现了4名小孩的下落，怎样第一时间告诉他们的父母。请你仔细观察他们和父母的照片，然后根据他们的特征，找出这4名小孩的亲生父母。你的结果是什么？这样的导入，不仅能调动学生课堂学习的积极性，而且能让学生发现“学能所用，学有所为”，还可以培育学生的正义感和社会责任感。又如在“生态系统的能量流动”教学时，教师可依托关于海水稻的新闻报道，以“导游”的身份带领学生走进“袁隆平与杂交水稻”和“陈日胜与海水稻”在故事场景，围绕“水稻的能量怎样流动？人的能量又怎样流动?”的学习任务，开展“稻田里取经寻宝”学习探究之旅。这样导入，能够激发学生的学习兴趣，激活他们的探究思维。

（四）科学提问是重要桥梁

科学提问始于教师对问题的设计，教师设计课堂问题要体现“五性”：针对性、层次性、情境性、启发性和探究性[②]。针对性是指问题的提出要围绕教学目标和学习内容，符合学习者特征和当时的学习环境；层次性是指问题要有难易之分，体现梯度之别，可分为面向全体学生的基础问题，服务部分学生个性成长的发展问题和引领个

① 刘恩山.中学生物学教学论[M].北京：高等教育出版社，2009(2)：56-57.

② 李文送.教师的生命成长[M].长春：东北师范大学出版社，2016：71-72.

别学生深度学习的高端问题；情境性是指问题要源于特定的情境中，生物学问题则应基于具体的生命现象中，这样的问题才是真问题，才有意义，才有价值；启发性是指提出的问题能激发学生思考，点燃学生思维，启迪学生智慧；探究性是指问题不能过于简单，要有一定难度和挑战性，让学生必须通过自己和与人合作学习方能解决，从而激发学生的探究欲望和促进学生学会与人合作。以层次性为例，在学习“光合作用”时，教师可设计“光合作用过程中，光反应和暗反应的物质变化是怎样的?”“光反应和暗反应之间有着怎样的关系?”“学习了光合作用的原理和过程后，请你设计一套方案帮助农民伯伯提高青瓜的产量?”等不同难度的问题，让不同层次的学生都得到相应的锻炼和成长，从而防止“优秀生吃不饱、中等生吃不消、后进生吃不了”的现象。

（五）组织教学是有力保证

教师组织教学要着眼点于怎样让学生积极主动地参与教学活动来经历学习与探究的过程。例如，在组织学生探究“遗传密码”的奥秘时，特级教师王荐从科学文化的视角入手，让学生在教学活动中经历类似科学家在遗传密码过程中的观察、分析、猜测、实验、判断、推理等一系列科学探究过程[①]。课上他引导学生思考：在翻译过程中，4种碱基如何决定20种氨基酸？1对1行吗？学生的思维逐渐展开。“不行！如果1对1，4种碱基只能决定4种氨基酸。”“那怎么办呢？接着，王老师组织学生小组讨论。在讨论的基础上，学生提出应该是3个碱基决定1个氨基酸。他随机指出：“这3个碱基就叫遗传密码。如果是这样，有可能出现什么情况?”学生认为，肯定有一些遗传密码控制相同的氨基酸。然后，王老师出示一段话：今年正好晦气全无财宝进门，请学生朗读。可读为“今年正好，晦气全无，财宝进门”，也可以读成“今年正好晦气，全无财宝进门”。可见，所加标点位置不同，读法不同，意思也不同。然后，王教师启发学生，由这段话的不同读法，你能否思考在翻译过程中如何规定句读呢？学生进行了类比推理，得出结论：有些密码具有标点符号的功能，规定着翻译过程的开始与停止。在此活动中，遗传密码这个抽象而理性的概念通过学生丰富的思维活动得以建构，有猜测、有类比、有迁移、有创新，尤其是给句子句读，使课堂充满了文化的氛围。

---

① 王荐．让科学文化滋润生物学课堂[J]．中小学教材教学，2015(8)：47-50.

（六）教学反思是持续动力

教学反思是针对教师行为主体的教学工作进行的一种自我反省式的思考过程，是获得和总结经验、发现和解决问题、反思实践和提升自我的过程。教学反思是一个积极的思维过程，同时也是积极的教学行为改进的过程，能调动教师工作和学习的积极性和自觉性，能激励教师更加快速地成长。叶澜认为："一个教师写了一辈子教案不一定成为名师，如果一个教师写三年教学反思就有可能成为名师。"教师不断成长自己，才是上好一节课的持续动力。因此，教师要上好一节生物课，最根本的是要成长好自己，而教学反思可以为教师的成长提供持续的动力。

虽然教师不注重反思不至于不能上课，但是要上好课，没有反思则会阻碍教师专业的可持续发展。当然，反思教学，教师要注重课前、课中和课后反思，实践反思和理论反思，自我反思和评价反思，教学内容反思和教学方法反思等。在反思中，发现教学过程中的优缺点，提炼成功的做法和经验，加深对教学的理解和形成自己的教学风格。

第三节　教师说课技巧

说课是一种很好的促进教师专业发展的活动，是准教师和一线教师都应掌握的一种专业技能。尤其是对师范生或年轻教师来说，说课有着重要的现实意义和实用价值，可以帮助他们加快对实践知识的构建，促进专业成长。通常说课的时间较短，一般在15~20分钟。如何在较短的时间将课说好，并富有创意呢？这不仅需要综合的专业素养，而且需要比较好的口头表达能力、现场发挥能力。因此，教师要掌握一定的说课技巧。

一、紧扣"课"字

众所周知，"课"存在不同的课型，不同的课型有着不同教学环节，所以说课就需要有不同的说程、说法等。在分类上，根据是否上过，课可分为新授课和复习课；根据教学内容，课可分为理论课、实验课、实践课和手工课等；根据不同的授课目的，课可分为展示课、示范课、研讨课、竞赛课等。

在教学过程中，课可采取问题导学教学、探究式教学、讲授式教学等教学方式，也可以选择发现式教学、支架式教学、抛锚式教学（情境教学）等教学方式，还可以是其他教学方式。故说课者要紧扣“课”字，使说课不仅吻合课题、符合课标、契合课容（课程内容），而且适合课型，并根据不同课型的基本环节进行有效说课。

例如，在新授课的说教学过程时，如果采用支架式教学，那么应说清“进入情境——搭建支架——独立探索——协作学习——效果评价”等环节；如果选择情境教学，那么可按照“创设情境——确定问题——自主学习——协作学习——效果评价”等环节进行说课；如果开展的是探究式教学，那么则应体现“创设情境——选定课题——自主合作探究——分享交流——总结反思”等环节。

二、把握“说”字

“说”，是说课的灵魂之所在，是说课者说课技巧之关键。“说”的内涵，包括说课者不仅要找准“说点”，选准“说法”，而且要把握“说度”，尽可能把课“说活”。

在“点”上，如果说上课的重点在于教学过程的实施、教学任务的完成、教学信息的反馈和教学效率的提高，那么说课的重点就在于说明教学思路、说清教学过程、说实教学方法和说亮教学特色；同时要述说教学重点以及如何突出和突破教学难点。

在“法”上，“说”不是“背”，也不是“读”，更不是“诵”，而是一种“解说”，即说课时，应言之有条有理、有理有法、有法有效，言为心声，言为行意，而不应夸夸其谈，言之无物，言之过实。若能图文并茂、生动有趣、绘声绘色，能为说课增色不少。

在“度”上，说课者要把握好时间和内容的度量，因“材”因“时”而制宜，非说不可的要说，可说可不说的不说，“画蛇添足”的不说，说不清楚或说不明白的绝对不说

在“活”上，说课者应要考虑说课对象的特殊性，听者一般非学生角色但却会站在学生角度去对待说课者所说的课，所以说课者要学会换位思考，从听者立场和学生立场进行思维和述说，这样能更容易引起共鸣，把课说到听者的心里，从而把课“说活”。

三、注重“理”字

与上课重感情、重实践、重互动、重生成不同，说课相对重理性、重思路、重说明、重理解。也就是说，说课要遵循一定的“理路”，不能想怎么说就怎么说，说应有

“说法”，也应有“说道”。“道”即“路”，道即“理”。例如，说教材时，就应说出所说课的内容在课程标准中的要求和在教材中的地位、作用，以及与生活、社会、学生等的联系。又如，在说教学目标时，在行为主体上应描述学生的行为，而不是教师的行为；在行为活动上应用行为动词描述学生形成的可以观察或测量的具体行为，而不能模糊不清；在行为结果上应表述的是学生的学习结果，而不是教师对教学任务的完成情况。

当然，说课不仅要解说“教什么”和“怎么教”，还要解说“为什么这样教”。实质上，就是说课者分析说明自己的教学思路、教学理解、教学安排、教学评价等理性思考和教学实施的过程。这表明，说课注重“理”字，不仅要强调教学实践与教学理论相结合，而且要反映说课者对课的理性思维、设计和解说，以及对教学（包括说课）的理解与实施，甚至教学原理的运用。

四、突出“新”字

说课贵在“新”字。“新”意味着创造、创新，这样的说课，有思想，有创意，能给人耳目一新的感觉。那么，说课怎样突出“新”字？哪些地方可以创新？就说课本身而言，可以新在说课的方式，如人机合作说课，或围绕同一主题进行“跨学科”说课，甚至可以打破学段的边界，开展基于同一个内容的“跨学段”说课；又如可以借助图画、动画、教具等辅助说课。如果就所说的课来说，可以新在教学设计，如教学情境新、问题设计新、教学导入新、教学结构新、教学方法新、教学结尾新、教学反思新等。例如，教师可以根据最新发生的事件进行导入、创设情境和设计提问等；也可以用创作有关学科知识与原理的诗歌或音乐的新颖形式来设计“画龙点睛”般的教学结尾，创造“余音绕梁，令人回味”之景；还可以把其他学科思想运用到本学科的教学中。说课者要掌握创新的技巧，需要不断修炼自己的创新意识和创造思维，不墨守成规、人云亦云，应多思考，多揣摩，多反思，并学会一定的创新方法和技术。

五、体现“美”字

古希腊大哲学家柏拉图指出，美是一种自然优势，美具有引人向善的作用和力量。好的说课也应体现“美”字。那么，说课如何体现“美”字？“美”的路径，肯定不是“东施效颦”，而是充分发挥自身优势，展示真我风采。牡丹有牡丹的娇艳，苔花有苔花的芬芳；木棉树有木棉树的伟岸，垂柳有翠柳的柔情；娇艳、伟岸是一种美，芬芳、柔情也是一种美。

说课者若能说出自己的特点，说出自己的风格，就是一种美的展现。善于语言表述的教师，可以在说课时充分展示语言之美或声音之美；善于逻辑说理的教师，可以在说课时让人感受高雅的思维之美或逻辑之美；善于处理、精选教学内容和教学资源的教师，可以在说课时让人体验内容之美或素材之美；对板书工整漂亮的教师，可以在说课时让人分享板书之美或设计之美；具有形象气质优势的教师，可以在说课时凸显气质之美或教态之美；擅长组织活动的教师，可以在说课时展露调动之美或互动之美；情感丰富或思想丰盈的教师，可以在说课时传递思想之美或情感之美。总之，美在真实，美在善我。

六、讲究"真"字

教育家陶行知先生说："千教万教教人求真，千学万学学做真人。"说课者也应"求真"和"做真人"。《庄子·渔父》中有言："真者，精诚之至也，不精不诚，不能动人，故强哭者，虽悲不哀；强怒者，虽严不威；强亲者，虽笑不和。"不论面对的听课对象是谁，说课者的态度都应是"真诚"的，不仅语气、称呼和表情得体，而且内容也应不失真，即应真实地体现教学设计的理性思路、教学的过程、方法的选择、知识的构建、原理的运用和规律的遵循。

不论是在哪里进行说课，说课者都应是"认真"的，不仅要认真地准备和分析课，而且要认真地进行解说和听者交流分享。好的说课，讲究"真"，追求"真"，弘扬"真"，以"真"为本，以"真"为道，以"真"为宗。好的说课者对课、对学生、对教学、对教育等有着自己的真知灼见。在向听者说课的过程，说课者应真实地分享自己的心中所想，意中所设，情中所系和行中所做，尤其是如何根据真实的情境、内容、学情和条件等实现理论与实践的统一，使知、情、意、行融为一体。

附录1

教学设计典型案例

“动物运动的方式”的教学设计

叶紫兰

一、教材分析

“动物运动的方式”一节是《义务教育科教书生物学八年级上册》（北京师范大学出版社）第15章动物的运动第1节内容。对于动物能够运动这一点学生是认同的，但对于动物的运动方式以及动物运动的方式与环境的适应却不够了解和理解。学好本节内容能帮助学生为后面的学习打下一定基础，它在教材中起着承上启下的桥梁作用。

二、学情分析

八年级学生正处在长身体、长知识的关键时期，好奇心、好胜心、求知欲、想象力、语言表达等都很强烈，再加上学生对常见动物的运动已有不少的直接经验。因此，只要教师在教学过程中当好组织者、引导者的角色，根据学生好奇等的特点进行教学，学生就会成为学习的主人。

三、教学目标

1. 说出动物运动的主要方式，举例说明动物运动的重要性。

2. 说明动物运动方式与生活环境的适应性。

3. 培养观察、分析、归纳总结和语言文字的表达能力，以及交流与合作能力。

4. 领悟不同动物、同种动物在不同生活环境中的动物的运动方式与环境相适应的特点，学会辩证地看问题。

四、教学重点和难点

1. 教学重点：不同环境中动物的运动方式及与环境的适应。

2. 教学难点：如何理解运动方式与环境相一致，如何理解运动的意义。

五、教法和学法

1. 教法：讲授法、谈话法、演示法。

2. 学法：合作学习法。

六、课时安排

1课时（40分钟）。

七、教学过程

1. 情境导入（2分钟）。教师展示PPT：植物与动物的区别，提出三个问题：动物为什么要运动呢？动物运动的空间有多大？还有动物运动的方式是否一样？学生通过观看PPT回答出植物与动物的区别，从而得出动物会运动、植物不会动的结论，带着三个问题进入新课有利于引发学生思考。设计意图：通过植物与动物之间的对比来创设情境，引起学生的注意，再用三个问题引发学生思考。

2. 视频体验（3分钟）。教师选取一个小组收集到的有关动物运动的资料和同学们分享，提醒同学们在观看视频的时候要认真观察并记录视频中出现了什么动物，那些动物在做什么？并将它们分类。观看视频后，师生共同对动物进行分类，得出结论：动物按照生活环境的不同，可以分为三大类，分别是水生动物、陆生动物和空中飞行动物。设计意图：通过观看视频，激起学生的兴趣，学生在观看视频的同时记录、分类视频中的内容，可以培养学生观察、分析等能力。

3. 水生动物的运动方式（8分钟）。教师展示鱼游泳的动态图，提出问题：同学们观察下面的水生动物是怎样运动的呢？引导学生回答出游泳，从而得出结论：水生动物的运动方式是以游泳为主。教师引导学生进行模仿鱼游泳的行为，加深印象。教师再展示乌贼、水母、草履虫、虾、水禽类、海龟的图片，与学生共同探究不同的水生动物，游泳的方式也不同的结论，得出：乌贼是依靠漏斗喷水和腕足的摆动推动身体进行快速的倒退运动；水母可以靠身体的伞部在水中进行漂浮运动；草履虫通过纤毛的摆动进行运动；虾依靠附肢游泳足进行运动；水禽类因为趾间有蹼，可以通过蹼进行运动；海龟通过鳍状附肢进行运动。师生共同讨论：鱼类的游动和人类的游泳有什么相似之处？得出结论：因为绝大多数鱼的身体呈纺锤形，有成对的胸鳍和腹鳍，鱼鳍相当于划船的桨和橹，所以鱼可以利用尾部和躯干部的摆动进行游动；而人是依靠上下肢进行游泳，上肢相当于桨，下肢相当于橹，利用水的浮力和阻力进行游泳。设计意图：通过用鱼的运动方式引导学生说出水生动物运动的方式是以游泳为主的，用模仿的方式可以加深学生对水生动物运动方式的印象，再利用一些水生动物的图片说明不同的水生动物的运动方式不同引导学生进一步思考。

4. 陆生动物的运动方式（8分钟）。教师展示蜘蛛、大象、猎豹、青蛙的动态图，与学生共同探究陆生动物的运动方式，学生通过观察得出：蜘蛛进行爬行运动，大象进行行走运动，猎豹进行奔跑运动，青蛙进行跳跃运动。学生模仿陆生动物运动的同时教师讲解爬行、行走、奔跑、跳跃的区别：爬行是依靠肌肉收缩，紧贴地面的运动；行走是用肢体将身体支撑起来、远离地面的运动；奔跑是在某一瞬间肢体都会离开地面，身体腾空的运动；跳跃是依靠后肢的弹跳，使身体腾空的运动。师生共同讨论陆地动物行走、慢跑和奔跑的区别是什么？得出结论：漫步行走时，前后肢交替前伸和后推；缓慢跑步时这种交替加快；快速奔跑时的交替更为加快，甚至跑步时不着地而身体腾空。设计意图：通过蜘蛛、大象、猎豹和青蛙的动态图，可以让学生直观地知道陆生动物的运动方式，利用陆生动物运动的特点解释不同的运动方式的区别，以及让学生讨论行走、慢跑和奔跑的区别，可以让学生更加清楚地区分陆生动物的运动方式。

5. 空中飞行动物的运动方式（7分钟）。学生先演示纸飞机是怎样运动的，得出结论：是朝着一定的方向飞行的。从而引导学生说出空中飞行动物的运动方式是以飞行为主。教师再展示鼓翼飞行的鸟和滑翔的鹰的动态图，引导学生观察比较出两种鸟不同的飞行方式（如表1）：第一种是鼓翼飞行，是依靠双翼快速、有力地上下扇动翅膀，这是鸟类飞行的基本方式；第二种是滑翔，是不需要动力，不用扇动翅膀，也可以进行飞行的方式。设计意图：通过用纸飞机的演示引导学生说出空中飞行动物运动方式是以飞行为主，利用两种不同的鸟的飞行方式的动态图让学生区分两种不同的飞行方式，以列表格的形式可以加深学生对于鼓翼飞行和滑翔的区别。

表1 鸟不同的飞行方式

飞行方式	鼓翼飞行	滑翔
是否需要扇动翅膀	需要	不需要
省力/费力	费力	省力
飞行速度	快	慢

6. 动物运动方式与栖息环境的关系（3分钟）。学生通过观察表格知道：不同种动物之间的运动方式和生活环境是不同的，同种动物之间的运动方式和生活环境也有可能不同。从而得出动物运动的方式与其生活的环境之间的关系是：相适应的，游泳是适应水环境的运动方式；爬行、行走、跳跃等是适应陆地环境的运动方式；飞行是适应更广阔空间生活的运动方式。设计意图：通过观察表格的方式对比出不同种动物之间的运动方式和生活环境是不同的，同种动物之间的运动方式和生活环境也有可能不同，从而引导学生说出动物运动的方式与环境之间是相适应的关系。

7. 动物运动的意义（3分钟）。教师提示学生在书本中找出动物运动的意义：动物通过运动可以主动出击去获取食物，可以逃避敌害和迁移到适宜的栖息场所，还可以完成求偶和交配，有利于个体生存和种族繁衍。设计意图：通过让学生自己在书本找出动物运动的意义，可以锻炼学生的自主学习能力。

8. 课堂小结（1分钟）。师生共同总结出学习的内容：水生动物、陆生动物和空中飞行动物各自的运动方式以及它们与环境之间的关系和动物运动的意义，水生动物的运动方式是以游泳为主，还有漂浮运动和倒退运动，陆生动物的运动方式有爬行、行走、奔跑和跳跃，空中飞行动物的运动方式是以飞行为主，还有鼓翼飞行和滑翔。

9. 课堂检测（3分钟）。学生以开火车的形式回答习题的问题，教师加以补充说明。

10. 思维拓展（2分钟）。教师通过展示仿生学的例子，教导学生：要学会爱护、保护那些动物，不能伤害它们。建议同学们课后也可以多出去观察、收集有关类似的资料，让自己的视野更加开阔。设计意图：通过列举仿生学的例子教育学生要爱护、保护动物，引导学生多出去观察收集资料，开阔自己的视野。

八、教学反思

本节课主要通过让学生感受不同动物运动的动态图、模仿动物的运动方式、对比区分一些概念等创设情景，激发学生的学习兴趣，让学生进行自主、合作讨论学习。经过试讲后本节课可以更加完善的地方有：

1. 每个内容的时间安排和掌握上可以进一步调整，可以通过学生的反应灵活调整上课内容，但是不能超出预设的时间安排，不然后面的讲课内容可能会讲不完。

2. 让学生讨论问题的时候没有明确安排，学生可能会有些不知所措，可以在学生讨论时明确多少个人讨论、具体任务是什么等，让学生充分利用合作讨论锻炼合作交流等能力。

3. 没有把更多的时间交给学生，可以利用播放学生收集到的视频时、进行讨论时等把更多的时间交给学生，让学生学会自主学习，调动学生的积极性。

“细胞的基本结构和功能”的教学设计

陈雪云

一、学情分析

本节课的授课对象是初中一年级的学生。他们刚开始接触生物学，接触细胞，接触实验操作，对生物课只有初步的认识。所以，在实验课的时候特别要注重演示以及注意事项的讲解，学生动手操作机会较多，要养成边操作边思考的习惯。

二、教材分析

“细胞的基本结构和功能”是《义务教育科教书　生物学　七年级　上册》（北京师范大学出版社）第3章第1节的内容，是学生认识细胞，接触实验的第一节课，学好本节课的内容，能帮助学生更好地学习后面的知识。细胞的基本结构和功能是学习细胞必不可少的内容，这个课题实验较多，学生动手操作机会较多，也能锻炼学生的动手操作能力。

三、教学目标

1. 说出显微镜的各部分结构，学会正确使用显微镜观察细胞的方法。
2. 练习制作临时装片，认识细胞的基本结构，初步学会画细胞结构简图。
3. 区分动物细胞、植物细胞结构的异同点。
4. 积极参与实验，提高探究问题和解决问题的兴趣，锻炼科学思维。

四、教学重难点

1. 教学重点：制作临时装片，学会画细胞结构简图；认识动植物基本结构，区分动植物异同点。

2. 教学难点：制作临时装片，说出显微镜的各部分结构，观察细胞的基本结构。

五、课时安排

2课时。

六、教学安排

为了激发学生学习生物学的兴趣，让学生学会学习，增强学生的动手操作能力，在教师的主导下充分发挥学生的主观能动性，本节课主要使用的学习方法是实验法、观察法、讨论法和任务驱动法和示范教学法。在实验操作中学生练习使用显微镜，学习制作人口腔上皮细胞临时装片和洋葱内表皮细胞临时装片，小组讨论动物细胞和植物细胞主要结构及其结构的异同。让学生在亲自动手操作体验的过程中加深理解和记忆。

临时装片的制作以及动植物细胞的结构是本节课的重点，而利用显微镜观察动植物细胞的结构是本节课的难点。利用任务驱动法，教师引导和示范演示正确的实验操作，是克服难点和重点的基本方法。在学生的讨论分析之后，结合教师的查漏补缺，让学生全面理解并掌握实验基本方法和步骤，清楚地观察到动植物的基本结构，最后能够区分动植物结构的异同点。

七、教学过程

（一）第一课时 显微镜的正确使用

1. 问题驱动，导入新课。教师出示问题：为什么千差万别的生物会表现出相似的生命特征呢？生物结构和功能的基本单位是什么？接着再问科学家是通过什么来发现和观察细胞的？从而引出本节课要学习的细胞以及显微镜，导入新课。设计意图：以问题为引子，激发学生的思维，为学习新课做好热身准备。

2. 演示与理论结合。教师介绍单细胞生物和多细胞生物，展示各种生物特别是单细胞生物的图片，讲述科学家发现细胞的小故事，引出观察细胞的工具——显微镜。小组观察显微镜，结合课本知识，让学生自行学习显微镜的各个结构，然后让每小组的代表同学上台为大家讲解显微镜的各小部分。然后教师查漏补缺，进行一次完整的正确的显微镜使用演示，详细说明显微镜的使用步骤，使用过程中应注意的问题。设计意图：学生较少接触显微镜，所以学生对利用显微镜观察生物材料具有很大的兴趣，能更好地融入新课堂。学生讲解显微镜的结构，能够更深刻地理解和记忆显微镜的各部分名称和功能。教师演示，能帮助学生直观地学习和加深印象。

3. 动手操作，实践原理。教师让学生尝试使用显微镜观察生物玻片标本和写有“上”字的玻片，设置问题讨论：视野中“上”字是否倒置，其物像比实际大小放大多少倍？若视野中“上”字在左上方，怎样操作才能将其移至视野中央？思考解决问题后，让学生反复练习显微镜的使用。设计意图：问题驱动，让学生带着问题去做动手操作，边操作边思考，更有利于学生对显微镜的理解和记忆。

4. 教师小结。让学生反复练习显微镜的使用，可以使学生熟练掌握显微镜的使用方法，为以后实验打下良好的基础。小结将本节课的问题提出来，可以使学生更好地掌握显微镜的使用方法。

5. 反思。学生第一次上实验课，都感觉比较兴奋，因此维持好课堂纪律是成功上好这节课的保障。学生第一次接触到微观的世界，了解在显微镜下看到的物体应该是什么样的，对微观事物有了初步认识。

（二）第二课时 制作临时装片，区别动植物细胞

1. 复习导入。教师通过提问，让学生回忆显微镜的正确使用方法，在说明显微镜使用时的注意事项，学会使用显微镜，就可以用来观察和识别人与动植物的细胞。设计意图：复习巩固上节课的知识不仅是为了记忆与掌握，更是为了这节课使用显微镜观察细胞结构做好准备。

2. 演示指导，开始实验。第一步让学生明确实验目的：学会制作临时装片；学会并熟练使用显微镜观察细胞结构；初步学会画细胞简图。然后提问根据实验目的我们要准备哪些实验材料？学生小组讨论得出结果。老师示范学生两个一组动手操作，边操作边思考各步骤的意义。在实验过程中注意规范学生的实验操作步骤，在刚开始就应培养学生良好的实验习惯，学生在老师的演示指导下开始制作装片。设计意图：让学生联系生活，并积极投入课堂，学习新知识，充分发挥学生的主动性，培养学生主动思考和归纳总结的能力。

3. 组织交流，点拨建构。实验完成后，询问学生还有哪些不懂的问题，学生提出或老师补充追问：为什么要滴加生理盐水或清水？为什么口腔上皮细胞滴加的是生理盐水而洋葱表皮细胞滴加清水？回答完问题后，学生回忆刚才的实验过程，讨论总结动植物细胞实验异同的地方。然后让学生开始观察细胞，在显微镜下找到细胞后，左眼看镜右眼画图，把自己看到的物像画下来，画图要实事求是，看到什么就画什么。设计意图：由学生自己动手操作，培养动手操作能力，学生观察比较和归纳总结可以锻炼学生的积极性。学生通过自己画图，能够加深对细胞的认识和记忆。

4. 知识整合与应用。根据刚才画出来的细胞简图，来认识细胞的基本结构，教师在黑板上画出动植物细胞的简图，出示问题：细胞都有哪些结构？如果把细胞比作我们的学校，细胞各结构对应的是什么？这些结构都有什么作用？动物细胞和植物细胞有哪些相同和不相同的地方？学生小组讨论，然后在黑板上写出讨论的结果并且向大家讲解。最后老师查漏补缺，总结细胞的基本结构和功能，以及动植物细胞的异同。设计意图：将细胞比作学校，贴近生活，让学生联系生活更有助于学生的记忆。让学生在实验过程中发现问题、分析问题，最后解决问题。让学生自己学会新知识，学会

学习。通过教学培养学生科学的思维方法，在生活中观察学习的能力，思考讨论的能力，准确表达的能力。

5. 课堂检测及总结。课前老师通过对各种资料的搜集整理，围绕教学的重难点，结合学生常错、易混淆的知识点，挑选出与本节内容有关的题型，巩固学生新知。运用本节课学到的知识解释生活中的现象，既是所学知识的作用，也是考查学生的学习效果和对核心概念的理解情况。

八、教学反思

在本节课中，让学生动起来。调动了学生的学习积极性，让学生参与到知识的探究中来，激发学生的思维。让学生动手在实验过程中发现问题、分析问题和解决问题，有利于学生主动获得知识，培养科学的思维方法，尤其是在生活中观察学习的能力、准确的语言表达和良好的学习习惯。

本节课也存在一些问题，学生预习不够充分，实验过程操作不够熟练。这是学生平时很少进实验室的原因，还有就是学生在实验室的纪律不太好，老师讲解注意事项时注意力不集中，导致实验成功率不高。

附录2

课程学习心得

能上过您的课真好

2012届　林叶秀

李老师，您好！其实刚开始上您的第一节课的时候，听了您的自我介绍，除了羡慕和钦佩您的辉煌经历，更令我惊讶的是：您是附中的老师，过来做兼职教授，还是我们系主任聘来的。呵呵，我并没有轻视您的意思，只是觉得特别奇怪：附中的老师，来给我们上课，到底有什么用意呢？现在，这个疑团随着6周课的结束都得到了释疑——您是中学的生物学老师，不仅对生物学这门课程熟悉，更重要的是您拥有多年教初中生物学的教学经验，这些对我们师范生的影响非常大。因为我们即将毕业，走上工作岗位，面对的就是如何去给学生上好生物学这门课程。如果让大学的老师来给我们上这门课，上的将会是理论性的内容，没有像您这样有着“亲临战场”的来得实际些。

李老师您上的课真的很好，不仅初中的学生喜欢，我们也喜欢啊。真的，您上课的时候，很有激情，很有方法，挺能激起学生学习的热情。您说您不够自信，但是在课上您却能表现得非常的自信。您在课堂上表现出的从容自信是我要学习的首要目标。其实我平时跟同学在一起的时候也挺能吹的，可是一到了练习试讲，要我讲课，我就讲不来了，总觉得无法把自己知道的知识传给“学生”。词穷啊，不，或许就像您说的肚里没墨水吧。

李老师，您上课的方法很有影响力，所以别人模仿您也是可以理解的。能被模仿是一件好事，这说明您所用的这些教学方式是得到别人认可的体现。您也说过，您不介意被别人模仿，但您更希望看到在模仿中加点创新。对于您的教学方法，我们需要借鉴也需要模仿。因为对于即将踏上教师岗位的我们来说，只有借助模仿的力量才能更好地迈向更高一层，然后再慢慢地形成自己的独有教学模式。

李老师，能上过您的课真好，您是我见过的最有教学方法的老师。您很有能力激发学生对生物学这门课程的学习兴趣和动力。您说过，只有学生认识到生物学这门课程与我们生活的方方面面是密切联系的，自然而然就会有学习的动力。当有一天，我真的踏上了生物学教师这个岗位，上的第一堂课必定是得激发学生学习这门课程的激情。

最后，我想说的是，我要以成为像您这般成功的教师为学习榜样和追求目标。

老师的力量震撼了我

2013届　周月明

处于即将毕业的阶段，似乎悠闲，似乎忙碌。有的人整天无所事事，认为不再升学则不看书、不学习，也没有什么毕业后的打算，心里就想着“船到桥头自然直”，得过且过地过着这剩余不多的大学生活；有的人整天忙里忙外，准备升本，埋头苦读。两类人的发展呈两极分化，好与不好先不谈，至少二者都有了向前的方向。而我却很可悲，游荡在他们之间，有点儿摸不着南北。一方面因为害怕毕业后会面临“找工作”的难题，想多待在校园几年，选择继续进修；另一方面却是为找不到努力的理由而感到痛苦和压力，更是提不起学习的劲儿，三天两头找借口放松自己。但当我试图放任自己时，心中便会弹出那股震撼的力量——教师。

其实一开始，我对于该课程有些不屑一顾和抗拒，而且做好了逃课的准备，由于对它的不了解，我认为那会浪费时间，因为现在的重任是升本，想拼命挤出更多的时间来学习。可是后来我才发现，这样的想法实在是太愚蠢了。让我改变想法也是因为李老师课堂上的一句话，“当你认真、专注地完成一件事时，你将会有意外的收获，且无形中便会成为你自己的人生财富”，我在后来学习中深有体会。

刚开始对课堂的印象也不是很好。因为李老师一上来就一直向我们“介绍”自己，此介绍非彼介绍，它带着显示和炫耀的感觉。当时的我也认为李老师的这些光荣事迹，也不过如此，或者我以后同样也会有的，并且可能会更多。但其实到后面我才知道，真正能得到这些的人，是一定要有足够的力量的，李老师的力量震撼了我。

震撼，它是一种触动。

当初来到这所学校时，认为我的一生将会只是一个平庸的初中生物学教师，没有太多的起伏与波澜，更没有机会再去实现自己的小梦想。但是李老师的个人经历却警醒了我，一生中没有什么是我们做不来的事，只怕你没有想法和行动。有很多事，无论在什么时候，你仍然可以去尝试的，即使是跌跌撞撞地前进，也比你止步不前强。所以李老师那股力量使我震撼，同时也触动了我那沉睡的心灵。

震撼，它是一种目标。

当心灵有了触动时，目标则会变得更加清晰。明确自己真正需要的，勇敢地向前迈进。我无法保证未来的我是否成功，但可以肯定我的努力朝向了固定的目标。因为我清楚地知道，我真正需要它。

震撼，它是一种动力。

有了目标却缺少动力，这是很可怕的。但是李老师在课堂上又给了我另一种帮助——压力。每次上完老师的课，在走回宿舍的路上，我的头总会徘徊地处于抬起与夹紧胸前的位置上。因为我仍纠结在李老师上课时讲的那些种种事物，让我感到很有压力。但当我理清思路的那一刻，我会毫不犹豫地抬起我的头，并不再徘徊。想清楚才知道，其实李老师给的压力，正是转化为我们动力的原材料。

如果说我浮夸的字眼是一种敷衍，我不着边的写法是一种应付，那么你错了。或许我不懂得表达，又或者我的感染力度不够大，但是我并不缺少力量，一股青春的正能量，正在我心中燃烧，等待着那一刻、那一瞬间放出璀璨的星光。

感谢您在我人生旅途中，为我行驶的车加上了补给能量的一升油，它将助我到达更高的人生彼岸。

我不会再迷惘

2014届　巫廷英

作为大三的学生，我开始有点迷惘，因为还有半年时间，我就要站上讲台，可是我对如何上好一节课都还不知道，我害怕自己的课堂枯燥无味，担心学生对我的课堂不感兴趣。一想到这些，我越来越不自信，甚至开始怀疑自己是否真的适合做一名老师。

就在我不知何去何从时，本学期开设了一门名叫《中学生物学教学设计与说课》

的课程。这是我们生化系特有的，说起它的来源还得感谢我们的前系主任刘坚老师和现任系主任宋冰老师，是她们提出让外校优秀的生物学教师给我们上课。这门课程已实施好几届，从师兄师姐的反映来看，效果还是不错的。这次为我们上课的还是湛江师范学院附属中学的李文送老师。记得第一次上课，李文送老师站上讲台时，我们都将他误认为是学生，因为他给我们一种很亲近的感觉，尤其是他对我们微笑时，总觉得我们不是师生关系，而是朋友间的经验交流。

第一节课，李文送老师并不是直接进入讲授内容，而是让我们了解他本人的人生经历，他这样做并不是为了把自己讲得多么优秀，而是为了让我们明白要如何才能成为一名快乐的教师，他让我们知道无论做什么事情，重要的是能从中找到乐趣，那你就会觉得在完成这件事的过程时是一种享受，他还赠送我们一句话“阅读别人的故事，从中找到人生沸点”。我很喜欢这句话，因为别人的经历总是能给我们启发，并在不知不觉中影响着我们。李老师真的是一个不一样的老师，从小学到现在，我听过多数人对教师这一名词的比喻是“园丁”“人类灵魂的工程师”，可是在李老师的理解中，教师是“人梯”和“镜子”。刚开始，我并不理解，难道“园丁”“工程师”不是更好些吗？后来我慢慢认识到，学生在老师的辅助下一步步从知识山脚下到达顶峰，而老师就像梯子，让学生在梯子帮助下扎实地一步一个脚印往上爬。除此之外，老师的一举一动都在影响着学生，就好比一面镜子，学生从这面镜子找到自己的优势与不足并及时改正。

在接下来的课堂里，李老师给我们系统地讲解如何才能写出一份好的教学设计和如何上好一节课。作为21世纪的新老师，过去的教学方式已不能满足专业成长的要求。因此，第一步我们要更新观念，创新思维，要做到拥有新观念，新思维，就要不断接纳新知识。尤其是生物学课程，课标不断在更新，教师就应该了解课标有哪些变化。在教学过程中，教要服务于学，教师要把课堂更多的时间交给学生。我们的教学设计过程应多考虑学生怎么学，而不是老师怎么教，要为学生好学而设计。

上了李文送老师的课后，我才知道原来教案与教学设计是不同的，教学设计不像教案那样详细。作为老师，在写一份教学设计时应先了解学生现有的知识，要对不同程度的学生提出相应问题，这样可以让学生不再恐惧课堂提问。在讲解理论知识时要多联系生活实际，多举实例让学生更易理解，同时要有现代教育观念，那就是让人人都能学会。

在最后两个晚上的课堂中，老师决定让我们上讲台实践一下，虽然同学们的表现并不是很理想，但我们发现自己都慢慢成长，都在一点点进步。就我而言，我学到的不仅仅是该如何写一份教学设计，更重要的是我找到了自己的目标，我不会再迷惘，我会坚持最初的梦想。我要用老师教的新教法营造一个让学生感兴趣的课堂，打破传统教学模式，让学生快乐学。

在此，我要对李老师说一声“谢谢”，是您让我找回来信心，让我对当老师的决心更坚定了。

我第一次遇到心悦诚服的老师

2015届　罗镇珠

大三的我很快就要踏入中学，当一名生物学老师了，有些犹豫无措。直到上了李文送老师的这门课，真的让我又惊又喜，受益匪浅。

暑假参加过三下乡的我深知做一名好老师的不易，但也更坚定了自己的信念，我要做一名好老师。但是有一个一直困扰我的问题就是：不少老师都是一板一眼，照本宣科，有些课实在叫不安分的我无法专心听下去，因为太无聊。第一次听李老师的课，我就喜欢上那种轻松愉悦的课堂氛围，他的话语生动幽默，深深的感染着我，只可惜没有早点遇见他。他真的给了我太大的惊喜，不同以往传统的老师，也不像他们一样刻板，让我对教师生涯有了浓厚的兴趣。

无论是教过我的老师，还是即将成为老师的我，都学习了很多教学法，教态教姿。其实对于书里面的理论我是比较反感的，因为在和学生相处的过程中，真正能成为一个学生心目中的好老师的资本就是一颗真诚的心。我也不喜欢被传统观念所束缚，一味地照本宣科真的太伤害学生了，让学生觉得学习无趣，只为考试而学，而不是为了满足自己的求知欲。李老师的出现，让我笃定了教师的道路，因为不拘束于传统的教法、教态，更能上好一门课。

每次上课，我都听得特别认真，一点也不觉得乏味。我从李老师身上学到了很多，也还有很多是我尚未从他身上挖掘的。我第一次遇到能让自己心悦诚服的老师，第一次觉得他就是我以后要学习的老师，希望我能成为像李老师一样风趣生动的老师，带给学生更多乐趣，也希望看到老师看到过的缤纷世界。

其实，我打从心底喜欢生物，因为我对它有着非常浓厚的兴趣，我的梦想就是去探索生物的奥妙，想像生物学家一样研究丰富多彩的生物世界，想借此亲近自然，发现生命的奇迹。但也许未来，我不止能发现生物的奥妙，还会和我的学生分享生物的奥妙，让他们了解世界，了解自己，也和我一样热爱生物。不过最重要的是老师一定要教的就是教他们做一个好人。让他们明是非善恶，明忠义仁爱，拥有一颗善良健康的心灵。因为教师是学生健康成长的阶梯，是他们的明镜。

想走神都没机会

2016届　陈金婷

通过学习《中学生物学教学设计与说课》这门课程，我获益良多，不仅丰富了我的理论知识，还拓宽了我的视野，更刷新了我对教育事业的价值观。

我印象最深的是第一节课，老师与我们第一次见面，就充分地展示了其鲜明的个人特色，脑海中描述这位老师的词语太多：幽默、自信、经验丰富、独一无二……任何一个词语都不能成为这位老师的代名词。为什么要花大量笔墨介绍这位老师呢？因为他使我相信了一句话“要使学生爱上这门课程，必先要使学生爱上这名老师。”课堂上，老师张口就来专业知识，生活例子信手拈来，让我深感佩服，不得不惊叹一句，我要修行多少年才有这程度的功力？老师用言行教会我一点，课堂一定要有激情，枯燥的内容是可以因为教师的激情澎湃而燃烧起来，想走神都没机会。

通过这门课程的学习，我对教师这个职业有了新的认识。原来我一直觉得当老师是一件吃力不讨好的事情，自己能力不够就不要出去祸害祖国的花朵了，自己应该是不会成为一名老师。但学习了这门课程后，现在的我发现只要想，就有很大提升空间。我是可以努力去当一名优秀教师的，还有很多专业的有趣的知识等着我去学习、去探索，可以有很多方式很多地方值得我去努力。以前是觉得无趣，觉得怎么做都不会进步，现在觉得找到了要提升的点，找到了可以发奋的途径，仿佛看到了人生目标近在眼前。

教书育人是一项伟大而神圣的任务，学生的进步就是自己最大的成就和欣慰，既简单又复杂，既容易又困难，首先要做好自己，踏出第一步，找准目标，坚定信念，坚持不懈。当我们还在校园里的时候，应该珍惜每一节课，珍惜每一次获取知识的机会，为自己充电，未来的路是自己的，选择了当一名教师，就应该有自己的要求，要当一名优秀的教师。

现在我们还年轻，免不了会有懵懂的时候，糊涂的时刻……犯过错没关系，最重要的是及时知错，知错能改。就像我们，哪怕来到了专科学校，也可以奋发图强，争取升本成功。只要有一颗向上的心，不怕没有途径，只要肯付出努力，不担心没有回报。我们需要做的，就是要定好自己的目标，朝着它努力前进，不怕苦不怕累。有句话叫“是金子总会发光的”，现在我们应该学多一句话“只要够努力，石头也能打磨成金子”。所以，哪怕我们是专科学校出身，只要足够努力，也是有可能成为一名优秀教师的。

遇见黑暗处的一道亮光

2017届　吴晓婷

蓬勃之春，炎炎之夏，金黄之秋，寒瑟之冬，虽然这些季节在不断地重复着，但是生命却在匆匆流逝……

我们时常会倍感迷茫，不知方向，当脚步有所凌乱的时候，上帝总会派一位天使来拯救你，这位天使或许是你的亲人，你的朋友，你的同学，你的老师……这位天使会让你的迷茫找到归宿，给予你动力，让你勇往直前！

当初高考毕业，家里人都着手做我的思想工作，都希望我可以顺从他们的意愿。报读师范院校，可能是家里那些老教师的思想，觉得老师是首选的职业。高考失意，并没有太多心情去思考，到底自己喜不喜欢当老师，我一向都很听父母的话，最后顺他们的意，报了师范院校，至于专业，确实是我自己挑的，我一向喜欢生物课，估计是我所遇到的生物学老师都很幽默有趣吧，他们总能把生物学课上得生动形象，欢声笑语……

时间如白驹过隙，大学走过了两年，甚至在这两年了，我还曾想过自己要放弃走教师这条路，尚未接触社会，却被灌输透现实的养分，父母开始为我的毕业就业寻找机会，但是自己女儿的学历达不到条件，自然升本就成了他们对我的期望。但是，我开始犹豫了，进入了迷茫的深渊……

然而，遇上了李老师您的课堂，您生动形象地诠释了什么是“教”生物学，分享了您的成长历程，传授了您所认为好的课堂的教学方法，教会了我们要努力成长……

李老师您说，课堂上，知识固然重要，但能让学生学会做人更加重要，是的，我真的很认同老师您的说法。教书育人，授业解惑也，如果一个人不会做人，那他或她拥有再多的智慧也没有用，不但不会报效国家，甚至会敌对社会。

老师您说，每个人都会面临种种选择，但并不是每一个选择都是你所喜欢的，但所有的美好都是坚持后才能看到的……这句话我真的很有感触，上完课，我回到宿舍，我很安静地思考了一番。想过这两年多来，自己到底成长了多少，思考人生，想想自己所需要的到底是什么，好像突然间就明白过来了一样。或许当初念师范专业并非我的意愿，但我也并非讨厌它，既然选择了这条路，为何不坚持那么一下？或许所有的美好真的就在你坚持的日子出现呢？于是下定决心复习升本了，第二天起来，告诉父母这一消息，他们表示很欣慰，找到了方向，自己自然也就积极向上了很多。

课堂的升华，并不是说在老师的带动下，学会了多少课本里的知识，而是在老师的引导下，让学生感悟到了人生道理，让悟性带领学生积极向上，勇往直前！李老师您做到了，您是优秀的老师，您本身就是学生榜样，把学生引领到更高的层次，在这里表示感谢！

都说鲜花感恩雨露，因为雨露滋润它成长；苍鹰感恩蓝天，因为蓝天让它翱翔；高山感恩大地，因为大地让它高耸……然而我们需要感恩老师，因为老师您带领我们走出迷茫，明确方向，勇往直前，感谢遇见您！

这几堂课，我沉浸了

2018届 吴文婷

开学以来，仅仅上了李老师短短的几堂课，真的受益匪浅，老师的教学风格，不正是当代教育所欠缺的吗？

风趣幽默，不像一些老师说话刻板，老是一副高高在上的样子。李老师上课风趣幽默，与我们互动多，而且经验丰富，还是我这么多年认识中，唯一的一位出过书的老师，我真的十分的钦佩。这是我对老师的感受。

接下来，我来谈谈这几节课的上课内容。从大一到大二一直都是讲解课本的知识，我当时就怀疑，我是不是上了假的师范大学，学一堆的“微积分”，都不讲一些关于教师教学的方法。直到上了大三，才开始真正接触到如何备课，如何站上讲台给学生上好一堂课。在没有上李老师课的时候，我真的像一只无头苍蝇一样，不知如何写教案，也不知道如何上课和说课。

如何才是一名合格的教师？如何上好一堂好的课？如何让自己的学生学会学习？这些真的很难。刚开始报师范，家里的人怂恿说，当老师很轻松，寒暑假带薪，然而真正进入了这个行业，才知道，备课往往比上课多出好多的时间，正常上班时间八小时，教师可能十八小时也不止。

为了做一名称职的老师，首先要学会如何备好课，如何设计一堂课，所以上李老师的课的时候都十分的注意听老师讲，老师如今也是在给高中学生上课，对学生也是深入了解，教给我们一些如何与学生相处的原则，我觉得都很有道理，师与生之间是需要和谐相处的。

最让我欣赏的还是李老师的教学风格，我想假如我当年是被像李老师那么优秀的教师教的话，也许高考也能拿多几分，老师上课的内容处处结合生活实际，从学生日常出发，时不时又带动课堂气氛，这种活跃的老师，学生在课堂上会想睡觉吗？反正我是十分喜欢听李老师的课的。

在这短短的几堂课中，我学会了更多的是一种教学风格，要像李老师一样，让课堂活跃起来，而不是一潭死水，做一名称职的老师。我以往的老师上课真的是十分的枯燥无味，上课就是为了下课，每一堂课就像在熬时间一样。

当学生的时候，我想遇到每个都是好老师。如今身为准老师。我们都想做一个优秀的被学生们拥戴的好老师，那好老师的标准是什么呢？我也因此去度娘那里取了一下经。

第一就是把自己打扮得漂漂亮亮的，让人们眼前一亮，对你的好感，油然而发！

第二就是多听听同学们对自己的评价。因为，一个好老师，不能只顾着自己，不顾及自己的学生，那么，你不论多么漂亮也没用。

第三就是对人和蔼可亲，因为，作为一个好老师，不可能目中无人。

第四就是要在工作上有什么难题就要问别人，要是因为怕丢脸而不去问，耽误了同学们，那就不好了！

第五就是在课堂上不要那么严肃，因为同学们会很害怕的!我觉得这一点李老师做得特别好，每节课都是乐呵呵的。

第六就是想一些独特的方法来教同学，因为每个人对新鲜事物都很好奇，那样他们接受的速度也比较快！像老师所说的调动学生的学习激情“画画的来几个……”

“纸上得来终觉浅，绝知此事要躬行”。实践是检验真理的唯一标准，好好实践起来。行动起来当好一名好的生物学老师，当一名不一样的生物学老师。

以上是我对这几堂课的感受，需要多向李老师学习。其实真的很想去观摩一下李老师的生物学课，去感受一下那种课堂气氛。

桃李不言，下自成蹊

2019届 张子晴

“桃李不言，下自成蹊。”我相信这句话是对李文送老师一句非常到位的评价，尽管一句话深度概括一个人，一位我所认同和敬佩的中学生物教师，是不应该的，但我仍然觉得这句话当中的包含最深的含义，就是对曾经给我们上过6次课的李老师来说，足够了。

老师给我们大三学生讲解的是有关初中生物学教学设计与说课的知识。但在课堂上，老师更多的是站在朋友的角度，用他自身的经历，告诉我们有关他的想法。可能在班级上大多数同学看来，老师他是幽默风趣，但经常把他的事迹、成就等给我们介绍，当中或许还有点“炫耀”的嫌疑，不过我并没有这种感觉。相反，我感觉老师给我们分享他的事情的时候，更多的是诉说他在经历这些事情时的一些有趣的、惊讶的、很不可思议、很荒唐，又或是很开心的事情。

同时，可以注意到的一点，老师每每和我们分享他的“很漂亮”的事迹，为世人所艳羡的成就时，他也会将他自己当时的身份表述出来。在他言语里，并没有过分强调成就的多少、优劣，也没有过分强调他作为一个小人物的渺小。言语里尽是作为一位历经许多事情、拥有许多经历的云淡风轻，在其背后，我看到了老师他真挚的一颗想学习、希望得到见识增长和视野愈发广阔的心。

与此同时，老师是勇于尝试一切新事物的，勇于做点“别人不愿意干的事情”，这也是其阅历丰富的其中一部分原因。我还能看到，老师尤其注重教师的生命成长，并且一直处于不断地学习和提升自己的状态上。

最让我钦佩的一点是，老师不仅在教学技能、学科知识等方面有着较好的水平和能力，还一直对个人的道德品质、思想状态的提升极为重视。在这一点上，我是深深认同老师的，因为我也是一位希望能够学习到各种“大师级”的学者，或是普通的个体，他们当中的一部分人，身上真的有着我所敬佩和我想学习的品质，并且十分追求在阅历丰富之后，云淡风轻的生活态度，颇有陶渊明“开荒南野际，守拙归园日”的看透世俗百态的淡然心态。

整个课程学习给我最深最大的感悟是：无论是从事怎样的工作岗位，都要坚持终身学习，给予事业无尽的热情，以及永不止步的向前，个人能力是这样，个人品质素养也需要这样。

课堂上的收获

2020届 钟璐

首先这个老师的课堂气氛很轻松，没有给人那种端着老师架子的压迫感。他用自己的经历，以身作则，告诉他的学生，他一直坚持这件事情，坚持了十年，这也是一种修行。难就难在坚持，贵也贵在坚持，不得不说这种精神确实值得让人学习。他也乐于跟我们分享他的所见所闻，让我们看到了校园外的其他可能性，让我们知道还有无限可能在等着我们去创造。

他注重和学生的互动，当他讲到师生关系和怎样算是一堂好课的时候，他直接就让我们讨论，然后收集大家意见，及时回应学生的反馈。在给我们评课环节，他很中肯地表达了他的看法，很认真地指出了我们的不足之处，并没有说因为我们是刚开始接触上课这件事而留情面，该是什么就是什么，站在过来人的角度和我们分享，怎么样做才更能达到教学效果。这对我们很重要，有过来人的见解和指导，我们才能将这件事做得更好，这在我们成为一名好教师的路上是很重要的一堂课，有前人的指导可以让后辈们少走些弯路。

最让我印象深刻的是老师有一次说，我们学的东西就是为了解决学生们生活中遇到的问题，用我们的知识去答疑。我们所学的生物学这一学科，跟我们的生活更加贴切，可以了解到很多有关医学的东西，因此，我们要好好利用我们的所学所知。老师这么一说，我觉得他把生物学这一门学科上升到了另一个高度，单凭兴趣或者说是为了了解生活中遇到的生理问题，我都会对生物学这门学科有新的看法。

在现下很多人都对养生感兴趣，那这不跟我们的生物学息息相关吗？我们在学习了生物学这一门学科后我们也可以识别那些虚假的产品广告，一些保健食品、护肤品的功效被吹上天，我们生物人或许就可以避免这些坑，少踩些雷。我觉得这些都很值得我们认真学习生物学，这些都与我们的日常息息相关。

虽然这门课课时不长，但我觉得有时候人的一些观点和认知只需要一句话点透，而这门课恰好就给了我这么一个契机，是我最大的收获，我想这大概也是授课的其中一个意义，或许学生就会因为你的这么一句话改变他的价值观，甚至是更大的影响。在一件事情上，在一个人身上都可以学到很多，这就是我在这个老师课堂上的收获。

听君数节课，如沐万缕春风

2021届　张莹钰

初见倾心

第一次见到李文送老师，就看着很亲切，不高的个子，还有个圆鼓鼓的肚子，有点可爱的“兔子牙”，说话带着一点点听着非常亲切的口音，着实让人想亲近。第一小节课，文送老师就非常凡尔赛地介绍自己，一整小节课的PPT几乎99.90%都是在介绍自己的各种经历。但恰恰是这样，这一整小节课在潜移默化之中也让我感受到了文送老师与其他老师不同的地方，让我非常乐意“沐浴”在文送老师的课堂氛围里。

作为一名未来的小教师，文送老师的凡尔赛也教会了我一个教学小技巧，那就是要学会在学生面前树立教师的威信，不要妄自菲薄地看低自己，要让学生对教师有一定的“仰望”，让学生“崇拜”老师，让学生自觉自愿地跟随教师的步伐前进。

第一小节课下来，文送老师让我非常“崇拜”地认识了他，同时，他也让我重新思考并“认识自己”，让我树立学习的信心和前进的动力。第一节课让我印象最深刻的就是文送老师对“人”的认识，他说，“人”总体构成：“人”的一撇是灵魂，一捺是肉体；灵魂构成：“人”的一撇是情感，一捺是理智；动态构成：“人”的一撇是言论，一捺是行动。造就一个大写（人格健全）的人，灵肉合体、情理合调、言行合一。这一席话让我受益匪浅。文送老师也让我明白“教学是科学，科学的价值在于求真；教学是艺术，艺术的意义在于创新；教学是生活，生活的旨趣在于追求幸福”。

一大节课下来，文送老师用非常具有概括性和富有内涵的句子，让我明白“什么是人”“教学是什么”“什么是创新思维”。一句句“润物细无声”，温柔、舒适而不流露痕迹，这般“无声”“无痕”的教育方式，是教育者和被教育者都获得快乐的最高境界！让我非常之“倾心”！

再见痴心

次周，怀着万般期待，我坐在教室等着文送老师上课。当然，文送老师依旧没有让我“失望”。第一小节课，文送老师就让我们分组讨论“如何上好一节生物学课”，大家表现得都十分积极，积极主动地上台分享自己和组员们的讨论成果。分享完毕，文送老师非常细心地在总结中渗透上台表达的一些的注意事项。让我最惊艳感叹的是，文送老师竟然将我们学生上台分享的话取关键词，并将关键词绘成了一棵树（这又让我学会了一招小技巧）。让我最感慨的是，文送老师在聆听小组代表的讨论结果之后，我细心注意到，文送老师在接下来的教学中巧妙地融入了小组代表的话，还恰当地运用了一些肢体动作。这真的是既细腻又魅力四射。

“教育是心灵与心灵的融合，灵魂与灵魂的对话，智慧与智慧的碰撞，生命与生命的互动。教育更是要将学生的被动性转化为主动性。”文送老师就非常 “无痕”地将这席话诠释。现在耳畔还留存着文送老师所提及的新的教育观与教师观。

未来系心

最后一节课，我匆匆接到上课通知，从西苑赶到学校。文送老师非常负责任地让我们学生不落下每一节关键课。为学生之着想，显教师之责重。泰戈尔说：“使卵石臻于完美的，不是锤的打击，而是水的且歌且舞。”文送老师完美地诠释了这句话。“轻盈数行字，浓抹一生人”，仰之弥高，传之弥坚，文送老师与我们就如水与鹅卵石，且歌且舞，一起成长，一起进步。

世间一切，皆为遇见。师生遇见，在静好的岁月里，共同成长，相互温暖，流淌的全是晶莹的浪花和美好的憧憬；师生遇见，在彼此的年轮和时光轴里，互相辉映，相互交融，人生因此而变得充盈美丽。人生是一场旅行，老师也只能陪我们走到这里，剩下的旅程我们会领略更精彩的风景。感恩遇见，未来系心！

后 记

如果本书是一朵花，那么她的盛开就离不开“光”的温暖和照耀。“光”的温暖，让她熬过了黑暗，渡过了坎坷；“光”的照耀，让她续燃了心灯，看见了远方。

“光”是什么？在大自然中，“光”大致可分为可见光和不可见光。而在我的心里，“光”有着更丰富的内涵和更广阔的外延。

如果没有十年前系主任刘坚老师的赏识和湛江师范学院基础教育学院的“破格”外聘，那么职称只是中一的我，不可能成为其“兼职教授”，更不可能负责《中学生物学教学设计与说课》这门课程的研发与授课，尽管我是2010年湛江市首届初中生物学骨干教师培训班班长。

如果没有后来两届系主任宋冰、罗威老师的信任和厚爱，以及每一届学生的出色表现和拔节成长，那么我和“中学生物学教学设计与说课”的情缘不会坚持这么久，整整十余年。

如果没有安徽省宣城市第二中学夏焦兵老师的推荐，以及广东省林文良名校长工作室的大力支持，三年前就完成的初稿就避免不了“难产”甚至“流产”的命运，从而实现华丽的转身和问世。

如果没有人民教育出版社赵占良和谭永平老师、广东省国家“万人计划”教学名师刘志伟老师、浙江省特级教师徐建忠老师、江苏省特级教师王荐老师，以及我的“百千万”导师广东第二师范学院胡继飞教授、深圳市育才中学教师发展中心主任夏献平老师、广州市白云区教育研究院副院长王建春老师的赠言赐墨，本书不会溢香生光。

于本书或本课程而言，每一个“我”，何尝不也是“一束光”？在光下，一届届师范生蜕变成长，一个个教师优秀涌现；而“我”在他们的蜕变与涌现中，也兑现了生命的成长，不负当年的“破格”和十年来在夜色中的坚守与摸索。

借此，感激家人和朋友们一直以来的默默支持！感恩给予我温暖和光亮的所有教育同行！感谢十年来和我一起共成长的师范生们！你们都是我生命成长中的“光”。

最后，祝愿每一位与本书或本课程结缘的朋友，都能遇见“那束光”，并成为“那束光”。在我看来，教师之光，能照亮未来。

李文送

2022年3月12日于湛江